イントロダクション

はじめまして、
奏兎める だよ

ぴょんぴょ～ん。みなさん、はじめまして！！
奏兎めるです。
カ、ナ、ト、メ、ル。っていいます。よろしくめる～。

Kanato Mell

奏兎める

年齢：16歳
（転生前にうさぎとして
10年生きてました）

誕生日：4/20
身長：154cm
体重：44kg

好きな食べ物：
いちごのショートケーキ
アイシングクッキー

この本は、めるの「合成音声」、そうそう、パソコンが作り出す、人が歌う声のよう な音を、どうやって使うのか？　どうやったら歌を歌わせることができるのか？　につい て、音楽をつくることをまったく知らない人にでも、わかりやす〜く解説した本だよ。

え？　「パソコンをつかって、音楽つくるとろまではやらない。」

な、な、なんと〜〜〜！　まったく。もう。。。
でも大丈夫。そんなあなたのために、めるちゃんは QR コード用意しました。QR コー ドを読取り、この本を読みながら動画を見ていくだけで、私の声で歌わせる仕組み、そう、 音楽のつくり方を疑似体験できちゃいましゅ。いや、違う。できちゃいます。はい。

え？　「めるちゃんの声をつかって、曲をつくってみたい。」

うれしいっ　ありがとう。大好き。
あふれでちゃうわたしのカワイサが、やっぱりわかってしまったか。。。
うん。そう、そんなあなたに、まさにピッタリの本なんです。
めるといっしょに、めるの声で曲をつるための道具を見ていきましょうね。この道具、 パソコン用のアプリで CeVIO AI（チェビオエーアイ）といいます。

流行りのディープラーニング？　とかなんとか、よくわからないんだけど、そんな難し い技術をつかって、めるの声を人の声のように出してくれる。とにかく、素晴らしいアプ リなんだよー。

じんこうちのう？
D〜ぶら〜にん？

めるがどんな声で歌うのか知らないあなた。まずは、めるの歌声をきいてみてね。
さっそくだけど 「QRコード」 用意しました。

聞いてみてねっ。

HellowWorld ／奏兎める

https://www.youtube.com/shorts/hcaUsx-fuz8

もしも、うまく見れなかったら、
https://www.stylenote.co.jp/0201
にアクセスしてみてね

どうだったかな～？

　ということで、読む気がムクムクと出てきちゃった、そんなあなたに、ここで 「もくじ」 紹介するね。もし、この本を読んでくれちゃったら、めるがこの本を通して、どんなことをみんなに教えちゃうのか、わかるよー。

奏天める
かなとめる

めるの
つかいかた

著者☆平賀宏之
Mell.P

Stylenote

もくじ

イントロダクション
はじめまして、奏兎める だよ

episode 01
インストールと画面紹介

1	動作環境	10
2	CeVIO AI と「奏兎める」のインストール	11
3	CeVIO AI と「奏兎める」のライセンス認証	13
4	アンインストールするには	15
5	CeVIO AI の画面紹介	17
6	音を出すための設定	21

episode 02
めるを上手に歌わせてね！

1	まずは準備だよ	24
2	音符を入力してみよう	26
3	歌詞を入力してみよう	30
4	声質を調整してみよう	32
5	伴奏を読み込んでみよう	33
6	保存してみよう	37

episode 03
めるをもっと上手に歌わせてね！

1	新規プロジェクトの作成	42
2	キャストの選択とトラックの追加と削除	43
3	テンポと拍子の設定	47
4	音符の入力と削除	50
5	入力した音符の編集	54
6	音符のコピーと貼りつけ	57

7	歌詞の入力	59
8	歌声の編集	67
9	MIDI データの読み込み	75
10	伴奏データの読み込み	78
11	CeVIO AI ファイルの保存と WAV データの書き出し	81

episode 04

もっと使い込んでみたい

1	母音の脱落記号を使ってみよう	86
2	裏声にするには	87
3	音素記号で入力	89
4	アクセント、スタッカート、ブレスを入れる	92
5	スラーをつける	95
6	歌声修正のコツ	97
7	ビブラートをつけたい	101
8	強弱記号で歌声のボリュームに変化をつけてみよう	104
9	キーの変更	107
10	小節の挿入と削除	111
11	トラックのフリーズ	114
12	ループ再生をするには	116
13	歌詞のフォントとピアノロールの背景色の設定	118
14	音符を入力したときに最初に表示される歌詞を変えるには	120
15	めるの画像を大きく表示させたいぞ！	122

episode 05

めるの声はこうして生まれた

1	歌声音声の歴史	126
2	ディープラーニングという技術	128
3	ディープラーニングの応用事例	130
4	これまでの音声合成と AI による音声合成	132

※ 本書は、2023 年 3 月時点での Windows11 と CeVIO AI をもとにして執筆されています。

CeVIO AI（奏兎める）の画面はこんな感じになるよ！

ワクワク！

インストールと画面紹介

1 動作環境

まずは「奏兎める」を使うための CeVIO AI の動作環境を確認してみてね。

対応 OS	Windows 11 / 10 （64bit 日本語版または英語版）
CPU	Intel / AMD デュアルコアプロセッサー以上 【推奨 4 コア以上】
メモリ	4 GB 以上 【推奨 8 GB 以上】
ストレージ (HDD/SSD)	1 GB 以上の空き容量（インストール用）
ディスプレイ	1280 × 720 以上　フルカラー
その他	ライセンスの認証やアップデートにはインターネットに接続できる環境が必要

推奨のものより処理性能が低いと
再生しているときに音飛びすることがあるよ。

2 CeVIO AI と「奏兎める」のインストール

「奏兎める」は CeVIO AI というソフトの中で使うことができるソングボイス（歌声）になるよ。「奏兎める」を使うには CeVIO AI、「奏兎める」の両方をインストールしておく必要があるよ。

> すでに CeVIO AI をインストールずみの人は奏兎めるのインストールだけしてね。

CeVIO AI のインストール

[手順1] 購入後にダウンロードした CeVIO AI のインストーラーをダブルクリックすると、セットアップウィザード画面が出てくるよ。インストールは画面の指示に従って進めてね。

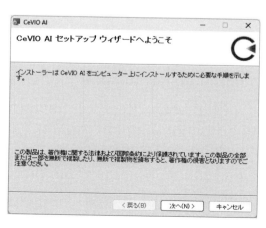

> インストーラーの入手方法は、購入先のサイトによって変わることもあります。詳しくは購入先のサイトの説明を見て確認してください。

手順2 インストールが完了すると、デスクトップ上に CeVIO AI のショートカットが表示されるよ。

ここではアイコンが表示されたのを確認するだけで、まだ起動しないでね。続けて「奏兎める」のインストールに進んでね。

CeVIO AI のインストーラーは、CeVIO AI の【製品版】Download のホームページの「CeVIO AI【製品版】ダウンロード」ボタンをクリックしてダウンロードすることもできるよ。

CeVIO AI の【製品版】Download のホームページ URL
https://cevio.jp/downloads/cevio_ai/

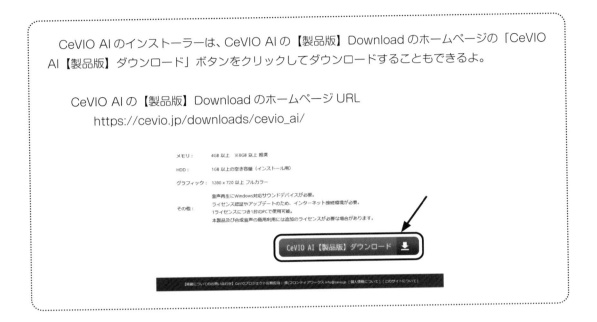

◎ 「奏兎める」のインストール

手順 購入後にダウンロードした「奏兎める」のインストーラーをダブルクリックすると、セットアップウィザード画面が出てくるよ。インストールは画面の指示に従って進めてね。

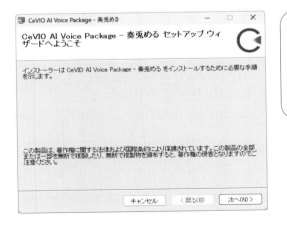

「奏兎める」は CeVIO AI の中で動く
ソングボイスなので、
インストールしてもデスクトップ上に
「奏兎める」のアイコンは
表示されないよ。
続けてライセンス認証に進んでね。

3 CeVIO AIと「奏兎める」のライセンス認証

ライセンス認証は不正コピーを防止するためのもので、購入したソフトが正規のライセンスであることを認証してもらう作業のことです。

◎はじめてCeVIO AIと「奏兎める」をインストールした方

手順1 CeVIO AI を初めて起動すると「ライセンス認証」画面が表示されるよ。CeVIO AI のシリアルナンバーとメールアドレスを入力して「OK」ボタンをクリックしてね。

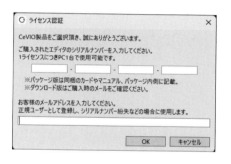

ライセンス認証にはインターネットの接続環境が必要になるよ。

手順2 CeVIO AI のライセンス認証が終わると、続けて「奏兎める」のライセンス認証をおこなう画面が表示されるよ。「奏兎める」のシリアルナンバーを入力して（①）、「OK」ボタン（②）をクリックしてね。

①シリアルナンバーを入力

②「OK」ボタン

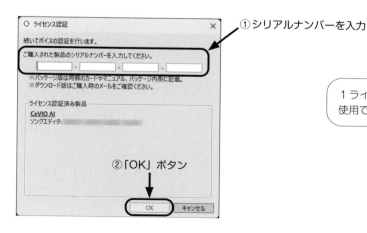

１ライセンスにつき１台のパソコンでのみ使用できます。

すでに CeVIO AI を使っていて、「奏兎める」だけ追加でインストールした方

[手順1] メニューの「ヘルプ」（①）→「ライセンス認証」（②）を選択してね。

[手順2] ライセンス認証をおこなう画面が表示されるよ。「奏兎める」のシリアルナンバーを入力して（③）、「OK」ボタン（④）をクリックしてね。

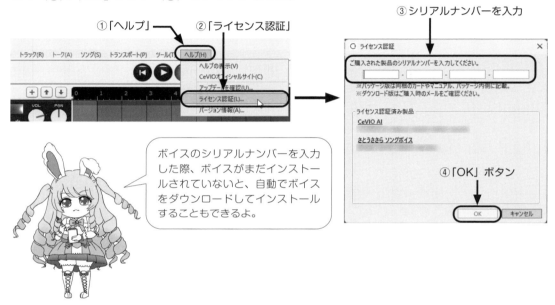

③シリアルナンバーを入力

①「ヘルプ」　②「ライセンス認証」

ボイスのシリアルナンバーを入力した際、ボイスがまだインストールされていないと、自動でボイスをダウンロードしてインストールすることもできるよ。

④「OK」ボタン

もし「インストールした製品は次回起動時に有効となります。」というメッセージが表示されたら、「OK」ボタンをクリックして（⑤）CeVIO AI を起動しなおしてね。起動しなおすと「奏兎める」のソングボイスが使えるようになるよ。

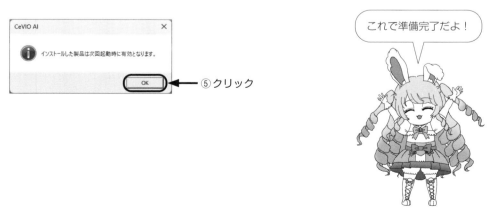

⑤クリック

これで準備完了だよ！

4　アンインストールするには

　新しいパソコンを買ったりして古いパソコンから CeVIO AI や「奏兎める」をアンインストールする必要がでてきたときのために、アンインストールの手順を紹介するよ。

　インストール先のファイルをエクスプローラーなどで直接削除すると、アプリが正常に動作しなくなるので、気をつけてね。また、アンインストールは同時にはできないので、最初に「奏兎める」、続けて「CeVIO AI」の順番でやってね。ここでは Windows11 を例に手順を紹介するよ。

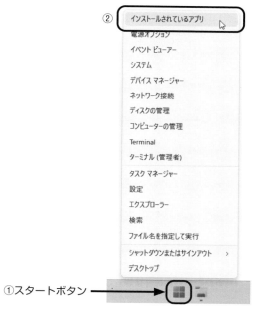

[手順1] スタートボタン（①）を右クリックして表示されるメニューから「インストールされているアプリ」という文字（②）をクリックしてね。

[手順2] インストールされているアプリの一覧が表示されるよ。「CeVIO AI Voice Package - 奏兎める」の「…」（③）をクリックして表示されるメニューから「アンインストール」（④）を選択してね。

①スタートボタン

④「アンインストール」を選択

手順3 「このアプリとその関連情報がアンインストールされます。」という画面表示されたら「アンインストール」ボタン（⑤）をクリックしてね。

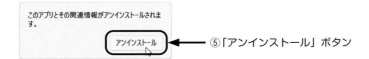 ⑤「アンインストール」ボタン

「このアプリがデバイスに変更を加えることを許可しますか？」という画面が表示されたら、「はい」をクリックするとアンインストールがはじまります。

「CeVIO AI」も同じ操作でアンインストールできるよ。

CeVIO AI では、ディアクティベート（認証解除）という操作は必要ないよ。
別のパソコンで使いたいときには、上記のインストールとライセンス認証をもう一度やってね。
ただし、同じシリアルナンバーで別のパソコンにライセンス認証するには、最初のパソコンで認証作業をしてから 24 時間の経過が必要になるよ。

5　CeVIO AI の画面紹介

　ここでは CeVIO AI がどんなソフトか CeVIO AI の画面を見ながら紹介していくね（次ページ図参照）。

> CeVIO AI の画面は僕が紹介していきます。

①ソングトラック

　奏兎めるの音符のデータを入力するパートになります。

②オーディオトラック

　伴奏（カラオケ）などのオーディオデータを貼りつけることができるパートになります。

③トランスポート

　再生や停止、先頭への巻き戻し、CeVIO AI 全体の音量の調整などができます。

④インフォパネル

　ポジションカーソルの位置やテンポ、拍子、クオンタイズが表示されています。

⑤調整ツール

　ソングトラックのピアノロール画面を切り替えます。切り替えボタンには「NOR」（楽譜編集）、「TMG」（タイミング調整）、「VOL」（ボリューム調整）、「PIT」（ピッチ調整）、「VIA」（ビブラートの振幅調整）、「VIF」（ビブラートの周期調整）、「ALP」（声質の詳細調整）があります。クリックして点灯させたものの編集画面がピアノロール上に表示されます。

⑥編集ツール

　編集するツールを切り替えることができます。選択ツール、まとめ選択ツール、ペンツール、ラインツール、消しゴムツールから選択できます。

②オーディオトラック
①ソングトラック
③トランスポート
④インフォパネル

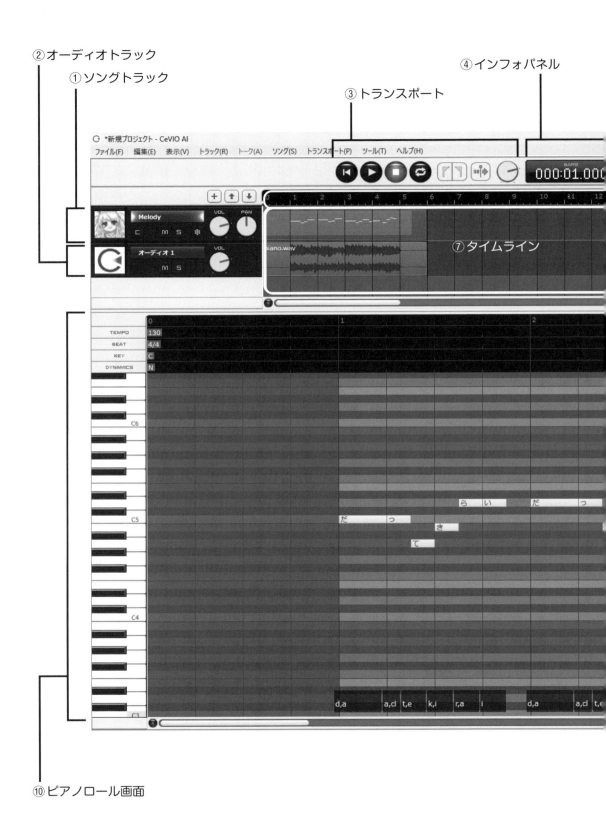

⑩ピアノロール画面

⑤調整ツール　　⑥編集ツール　　⑧ルーラー　　　⑨画像表示

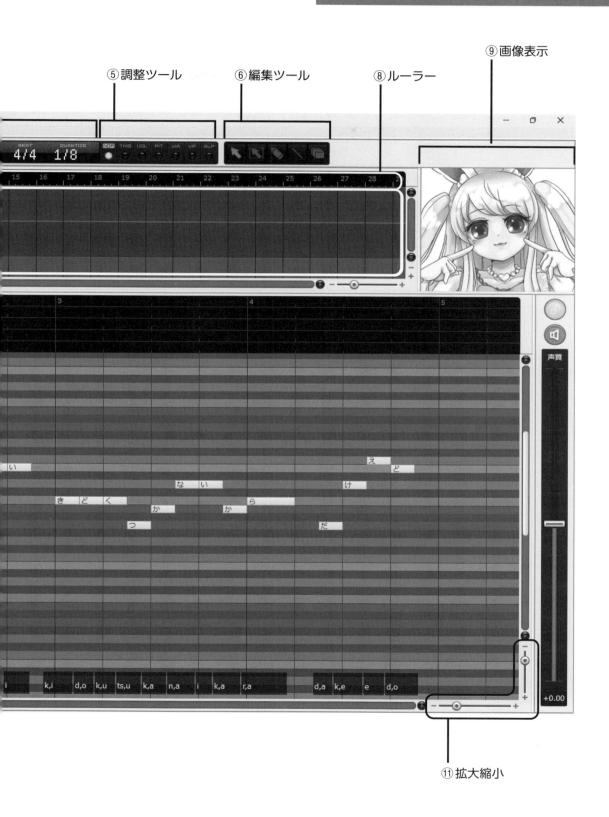

⑪拡大縮小

19

⑦タイムライン

ソングトラックではピアノロールで入力したデータがクリップで表示されます。オーディオトラックでは読み込んだオーディオデータが波形模様のクリップで表示されます。

⑧ルーラー

小節表示または時間表示（秒）が可能です。右クリックして表示されるメニューから小節表示と時間表示（秒）が切り替えできます。

ルーラーをクリックするとポジションカーソルがクリックした位置に移動します。「再生」ボタンでポジションカーソルから再生されます。

ルーラーをダブルクリックすると、クリックした位置から再生され、再生中にダブルクリックするとクリックした場所で停止します。

⑨画像表示

選択されているソングトラックのソングボイスのキャラクター画像が表示されます。

⑩ピアノロール画面

調節ツールで選択したものを編集する画面が表示されます。調整ツールの「NOR」ボタン点灯時に音符を入力する画面が表示されます。

⑪拡大縮小

スライダーと「＋」「－」のボタンで縦軸と横軸の縮尺を拡大縮小できます。

6　音を出すための設定

ここでは CeVIO AI の音を出す設定を紹介するね。

音が出ないときは、ここでの設定と合わせて、スピーカーやオーディオデバイス機器の音量が小さくなっていたり、ミュートになっていたりしないかも確認してみてね。

手順1　メニューの「ツール」（①）→「オプション」（②）を選択してね。

①「ツール」　②「オプション」

手順2　「環境」画面（③）の「オーディオデバイス」欄（④）で音を出すのに使うデバイス（機器）を選択してね。

手順3　「OK」ボタン（⑤）をクリックすると完了だよ。

④「オーディオデバイス」欄

③「環境」

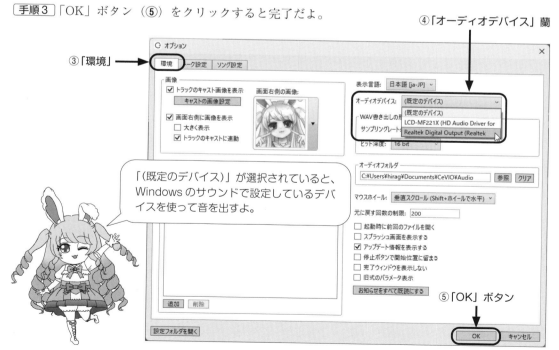

「（既定のデバイス）」が選択されていると、Windows のサウンドで設定しているデバイスを使って音を出すよ。

⑤「OK」ボタン

21

episode 02

めるを上手に歌わせてね！

入門編

簡単な使い方の流れを体験してみてね！
QR コードから動画も見てみてね。

https://www.stylenote.co.jp/0201

「episode02」では、デモソングを使って、みんなに奏兎めるを歌わせる体験をしてもらうよ。細かい操作などはあとで説明するから、ここでは歌わせるまでの流れを感じてみてね。

1 まずは準備だよ

　まずは音符を入力する前の準備を紹介するよ。

手順1 CeVIO AI を起動してね。起動すると音符を入力する新しいプロジェクトが開くよ。

お知らせの画面が表示されたら内容を読んで「OK」ボタンを押して閉じておいてね。

手順2 トラックに表示されている絵（①）が「奏兎める」になっているか確認してね。「奏兎める」じゃなかったら、絵をクリックして「奏兎める」を選択してね（②）。

① 絵をクリック

② 「奏兎める」を選択

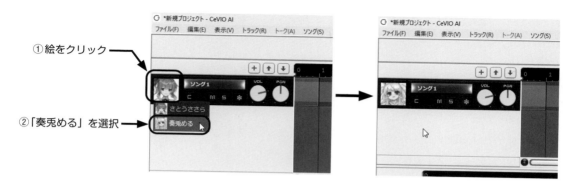

手順3 テンポ（楽曲を演奏するスピード）を設定しよう。
インフォパネルの「TEMPO」の数字部分をクリックすると（③）、「テンポのプロパティ」画面が表示されるよ。

③ 「TEMPO」の数字部分をクリック

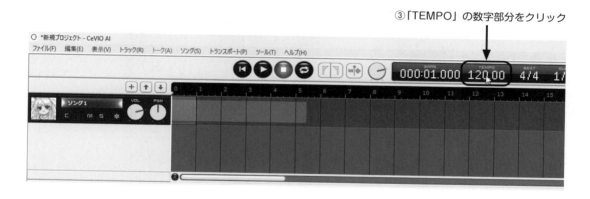

「テンポ」欄（④）の「▲」「▼」をクリックして、数字を「130」にしてね。
「OK」ボタン（⑤）をクリックして設定完了だよ。

④ 「テンポ」蘭

⑤ 「OK」ボタン

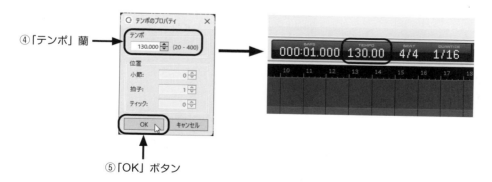

2 音符を入力してみよう

　それではデモソングのメロディを入力してみよう！

　手順1 インフォパネルの「QUANTIZE」の分数部分（図では「1/16」の部分。①）をクリックして、「1/8」を選択してね。ここでは入力できる音符の細かさを設定しているよ。

①「QUNATIZE」の分数部分をクリック

②「1/8」を選択

③ペンツール

　手順2 編集ツールから「ペンツール」✎（③）をクリックして選択してね。ペンツールにすると、音符が入力できるようになるよ。

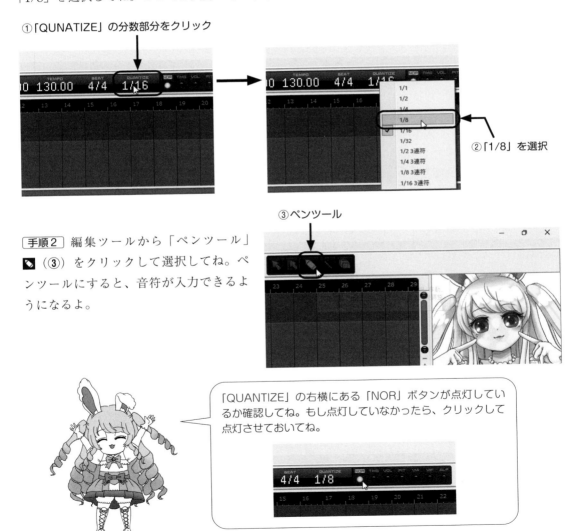

「QUANTIZE」の右横にある「NOR」ボタンが点灯しているか確認してね。もし点灯していなかったら、クリックして点灯させておいてね。

手順3　下の図は「ピアノロール」と呼ばれる画面になります。次ページの入力例を見ながら同じように音符を入力してみよう。

　音符は、ピアノロール上の音符を置きたい場所でマウスを右方向にドラッグすることで、ドラッグした長さの音符が入力できるよ。

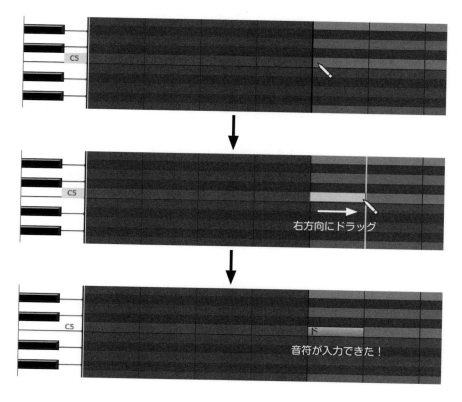

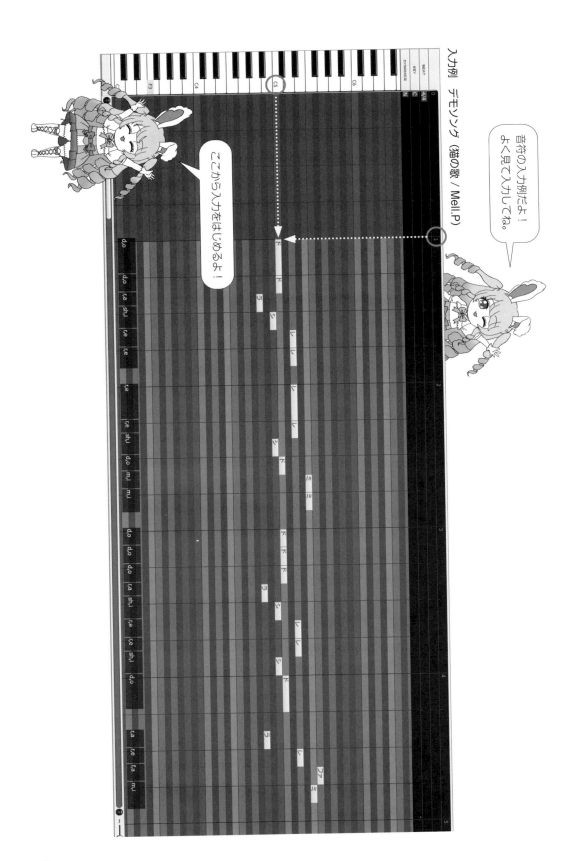

間違って入力してしまったら

　一度入力した音符の上にマウスを持っていくと、マウスカーソルが指の形になるよ。その状態で音符をドラッグすると入力した音符を上下左右に移動できるよ。

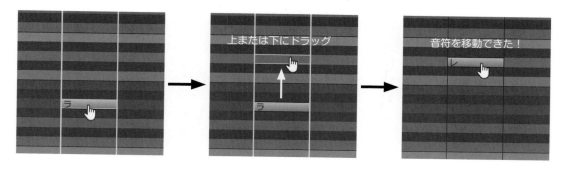

　また一度入力した音符をクリックして青く選択してからパソコンの Delete キーを押すことで削除することもできるよ。

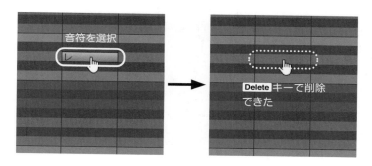

[手順4] 音符を少し入力したらトランスポートの「再生」ボタンをクリックして入力したものを聞いてみてね。
再生中に「停止」ボタンをクリックすると演奏が停止するよ。

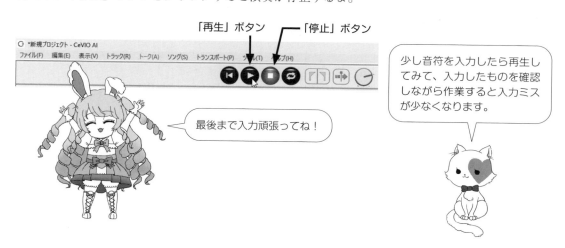

3　歌詞を入力してみよう

音符が入力できたら続いて歌詞を入力してみよう。入力した歌詞に合わせてめるが歌うよ。

音符を入力すると、歌詞の部分には最初、入力した音符の音名（ドレミファソラシ）などが割り振られているよ。それを消して好きな歌詞を入力してね。

① 選択ツール

[手順1]　編集ツールから「選択ツール」 ➤ （①）をクリックして選択してね。

[手順2]　入力した音符の上でダブルクリックすると（②）、文字が入力できる状態になるよ。

[手順3]　最初から入力されている文字を [Delete] キーで消して、パソコンのキーボードを使って「だ」を入力してね。文字を入力したら、パソコンの [Enter] キーを押すと入力が確定されるよ。

② ダブルクリック

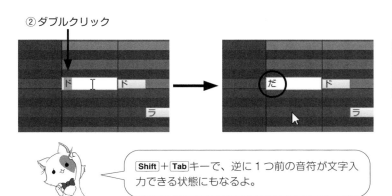

文字を入力したら、[Enter] キーを押す前に [Tab] キーを押すと、次の音符に文字が入力できる状態になります。

[Shift]＋[Tab] キーで、逆に1つ前の音符が文字入力できる状態にもなるよ。

　右ページ図のように歌詞を入力してみてね。

[手順4]　歌詞を入力したら、トランスポートの「再生」ボタンをクリックして入力したものを聞いてみてね。再生中に「停止」ボタンをクリックすると演奏が停止するよ。

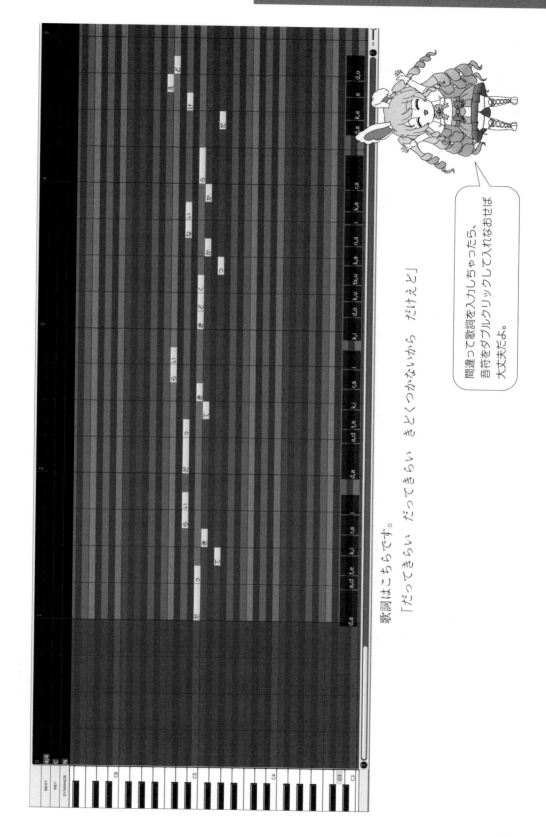

間違って歌詞を入力しちゃったら、音符をダブルクリックして入れなおせば大丈夫だよ。

歌詞はこちらです。

「だってきらい だってきらい きどくつかないから だけど」

4 声質を調整してみよう

　音符と歌詞の入力が終わったら、今度は声質を調整してみてね。大人っぽい声から子供っぽい声まで変化させることができるよ。

　画面右手の音質のスライダーをドラッグして動かすことで声質が変わるよ。上に上げると大人びた声質に、下に下げると子供っぽい声質になるよ。

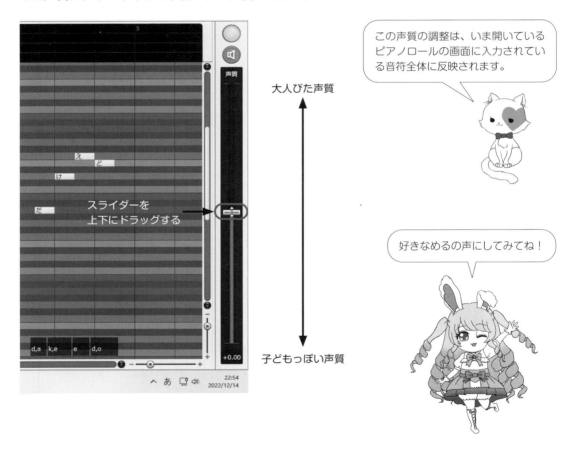

この声質の調整は、いま開いているピアノロールの画面に入力されている音符全体に反映されます。

好きなめるの声にしてみてね！

　声質を変えたら再生して聞いてみてね！

5　伴奏を読み込んでみよう

　音符と歌詞の入力、声質の調整が終わったら、デモソングの伴奏を読み込んで歌声と合わせて聞いてみてね。

◎ 伴奏の準備

　伴奏は、こちらのホームページからダウンロードしてきてね。

https://www.stylenote.co.jp/0201

　ダウンロードするファイル名は「demosong_karaoke.wav」だよ。ダウンロードしたらデスクトップとか、わかりやすい場所に置いておくと、あとで見つけやすくなるよ。

◎ 伴奏を CeVIO AI に読み込む

手順1　トランスポートの「先頭」ボタン（次ページ図①）をクリックして、ポジションカーソル（次ページ図②）を曲頭に戻してね。

①「先頭」ボタン

曲頭に戻す

②ポジションカーソル

ポジションカーソルがある位置から伴奏が
読み込まれるので、曲頭に戻しておいてね。

手順2　メニューの「ファイル」（③）から「インポート」（④）→
「オーディオファイルの読み込み」（⑤）を選択してね。

③「ファイル」

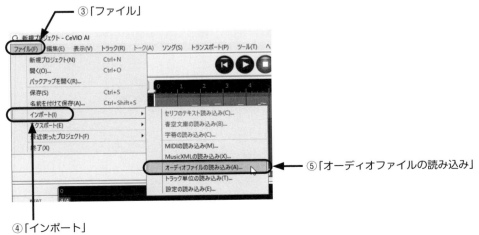

⑤「オーディオファイルの読み込み」

④「インポート」

手順3 「オーディオファイルの読み込み」画面が表示されるので、ダウンロードした伴奏（WAVデータ）を選択し（⑥）、「開く」ボタン（⑦）をクリックしてね。

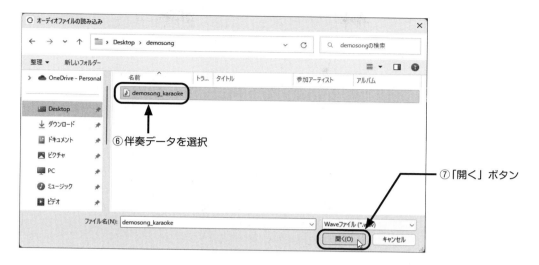

伴奏データが読み込まれたよ（⑧）。

伴奏データには音の波形が表示されています。

手順4 奏兎めるのトラック（パート）のどこか（次ページ図⑨）をクリックすると、ピアノロール画面に戻るよ。

手順5 トランスポートの「再生」ボタン（次ページ図⑩）をクリックして伴奏と合わせて入力したものを聞いてみてね。再生中に「停止」ボタンをクリックすると演奏が停止するよ。

⑩「再生」ボタン

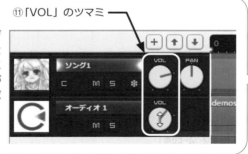

⑪「VOL」のツマミ

「VOL」ツマミ（⑪）をドラッグすることで、奏兎めるのパートと伴奏のパートの音量を調整することができるよ。どちらかの音量が大きいときには、大きいほうのボリュームを少し下げてね。

奏兎めるのパートの「PAN」というツマミ（⑫）は「パン」（定位）といって、奏兎めるの声が聞こえる位置を調整できます。ツマミが真上を向いていると真ん中から声が聞こえ、右にすると右側から、左にすると左側から声が聞こえるようになります。ツマミを完全に振り切るだけでなく、ちょっとだけ右側から聞こえるなど、ツマミの振り具合で微調整ができる仕組みになっています。

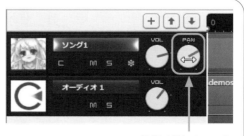

⑫「PAN」のツマミ

6 保存してみよう

　最後に作ったものを保存してみてね。

　オーディオデータとして書き出すと、CeVIO AI を持っていない友達に聞いてもらったりできるよ。

　CeVIO AI のファイルとして保存すると、次にまたこの続きから CeVIO AI で作業ができるよ。

◎オーディオデータとして書き出す

[手順1] メニューの「ファイル」（①）から「エクスポート」（②）→「ミックスダウン WAV 書き出し」（③）を選択してね。

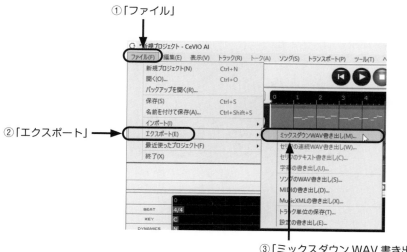

①「ファイル」
②「エクスポート」
③「ミックスダウン WAV 書き出し」

[手順2] 「ミックスダウン WAV 書き出し」画面が表示されるよ。保存する場所を選択して、ファイル名欄にファイル名を入力し（次ページ図④）、「保存」ボタン（次ページ図⑤）をクリックしてね。

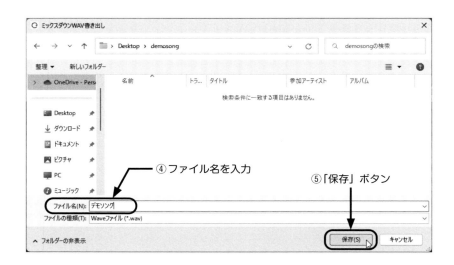

④ ファイル名を入力

⑤「保存」ボタン

手順3 「以下のファイルにミックスダウン WAV を書き出しました。」という画面が出たら「OK」ボタンをクリックしてね。

作ったものがオーディオデータ（WAV）として書き出されたよ。

「ミックスダウン WAV 書き出し」は「48000Hz、16bit」固定になります。
メニューの「ツール」→「オプション」の「WAV 書き出しの形式」の設定は「ソングの WAV 書き出し」の場合に反映されます。

※ サンプリングレート、ビット深度の固定の値は、本書
　執筆時 2023 年 2 月の時点での情報になります。

CeVIO AI ファイルとして保存する

[手順1] メニューの「ファイル」（①）から「名前を付けて保存」（②）を選択してね。

[手順2] 「名前を付けて保存」画面が表示されるよ。保存する場所を選択して（③）、ファイル名欄にファイル名を入力し（④）、「保存」ボタン（⑤）をクリックしてね。

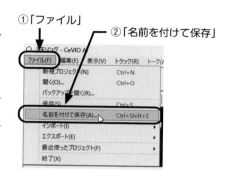

③保存場所を選択

④ファイル名を入力

⑤「保存」ボタン

CeVIO AI のファイルとして保存されたよ。

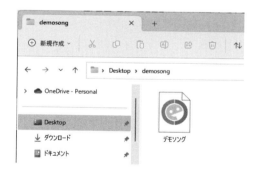

> 保存した CeVIO AI のファイルをダブルクリックすると、CeVIO AI が開いて、続きからまた作業ができるよ。

episode 03

めるをもっと上手に歌わせてね！

応用編

1 新規プロジェクトの作成

まずはメロディを入力するための新しいプロジェクトの開き方だよ。

[手順] CeVIO AI のアプリケーションを起動すると新規プロジェクトが開くよ。

CeVIO AI を起動するとお知らせの画面が表示されることがあるよ。

「今後、このお知らせを表示しない」にチェックを入れ「OK」ボタンをクリックすると、次回以降の CeVIO AI の起動時にチェックを入れたお知らせは表示されなくなります。

チェックを入れる

おおっなるほど！

別の内容のお知らせは表示されるので、読み終えたお知らせから
チェックを入れて「OK」ボタンを押すようにしましょう。

すでに CeVIO AI を起動している状態で、メ
ニューの「ファイル」から「新規プロジェクト」
を選択することでも新規プロジェクトを開ける
よ。だけど CeVIO AI では1つのプロジェクトし
か開けないので、すでに開いているプロジェクト
は閉じることになるので気をつけてね。

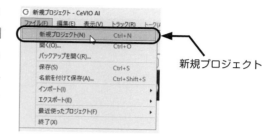

新規プロジェクト

2　キャストの選択とトラックの追加と削除

　CeVIO AI ではキャラクターボイスをキャストと呼んでいるよ。複数のキャラクターボイスを
インストールしている場合は歌わせたいキャストを選択してね。

⊚キャストの選択

[手順] トラックのキャスト画像をクリックすると（**①**）、切り替えられるキャストが表示される
よ。キャストを選択してね（**②**）。

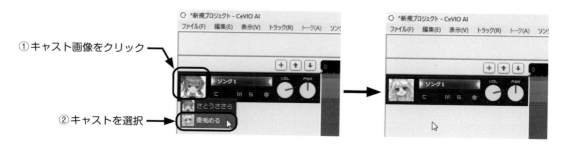

①キャスト画像をクリック

②キャストを選択

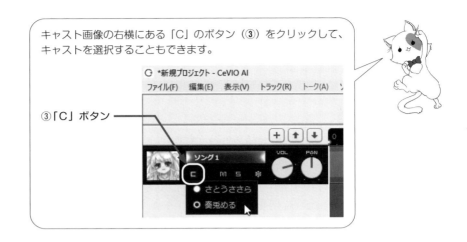

キャスト画像の右横にある「C」のボタン（③）をクリックして、キャストを選択することもできます。

③「C」ボタン

トラックの追加と削除

　トラックは音符を入力したり、伴奏のオーディオファイルを貼りつけることができるレーンのことだよ。音符の入力ができるトラックを「ソングトラック」、伴奏などのオーディオファイルを貼りつけることができるトラックを「オーディオトラック」というよ。

　最初はソングトラックが1つだけ表示されているから、必要に応じてトラックを増やして使ってね。

トラックの追加

手順1　メニューの「トラック」（①）→「トラックを追加」（②）を選択してね。

①「トラック」　　　②「トラックを追加」

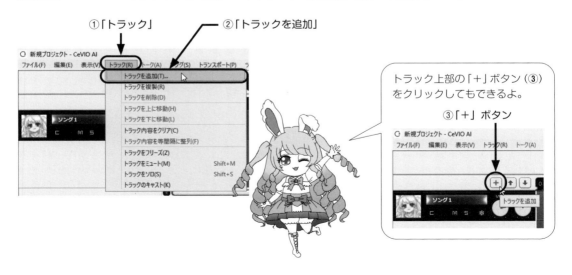

トラック上部の「＋」ボタン（③）をクリックしてもできるよ。

③「＋」ボタン

[手順2] 「トラックを追加」画面が表示されるので、増やしたいトラックを選択してね（④）。

④ トラックを選択

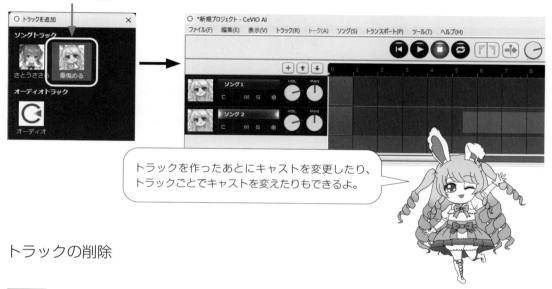

> トラックを作ったあとにキャストを変更したり、
> トラックごとでキャストを変えたりもできるよ。

トラックの削除

[手順1] トラック名部分をクリックして（①）、削除したいトラックを選択してね。

① トラック名部分をクリック

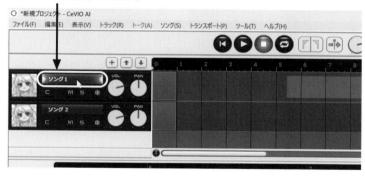

[手順2] メニューの「トラック」（②）→「トラックを削除」（③）を選択してね。

②「トラック」

③「トラックを削除」

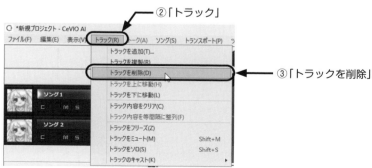

手順3 「選択中のトラックを削除します。よろしいですか？」という画面が出てくるので「はい」
をクリックすると（④）、トラックが削除されるよ（⑤）。

⑤ トラックが削除された

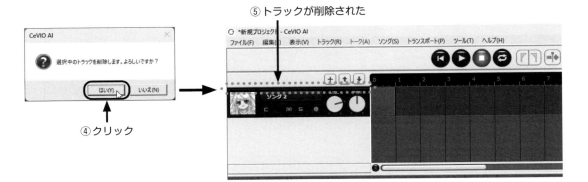

④クリック

トラック名の部分をダブルクリックすると（⑥）、トラックの名前をパソコンのキーボードから入力して変更できます。

⑥ ダブルクリック

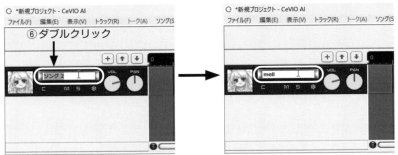

日本語で入力できないときには、画面右下の通知領域にある IME アイコン（[あ] や [A] のアイコン）を右クリックして表示されるメニューから「設定」→「全般」→「以前のバージョンの Microsoft IME を使う」をオンにすると、トラック名の日本語入力もできるようになります。また、日本語入力オンのときでもスペースキーで再生／停止ができるようになります。

次の手順で「以前のバージョンの Microsoft IME を使う」をオン・オフできます。

Windows10 の場合
[スタート] メニューを右クリック→ [設定] → [時刻と言語] → [言語] → [優先する言語] → [オプション]
→ [キーボード] の Microsoft IME をクリック→ [オプション] → [全般] → [互換性] 欄の
「以前のバージョンの Microsoft IME を使う」をオン・オフする。

Windows11 の場合
[スタート] メニューを右クリック→ [設定] → [時刻と言語] → [言語と地域]
→ [日本語] の [...] をクリックし表示されるメニューから [言語のオプション] を選択
→ [キーボード] 欄の「Microsoft IME」の [...] をクリックし表示される
　 メニューから [キーボードオプション] を選択
→ [全般] → [互換性] 欄の「以前のバージョンの Microsoft IME を使う」をオン・オフする。

選択しているトラックの編集画面が、下のピアノロール部分に表示されるよ。
トラックを増やしたときは、音符を入力するトラックを選択するように気を
つけてね。
オーディオトラックを選択したときはピアノロール部分には何も表示されな
いよ。

3　テンポと拍子の設定

音符を入力する前に、まずはテンポと拍子を設定してね。

☺ テンポの設定

テンポは、曲を演奏するときの
スピードだよ。

インフォパネルの「TEMPO」の数字部分を
クリックすると（①）、「テンポのプロパティ」
画面が表示されるよ。

①「TEMPO」の数字部分をクリック

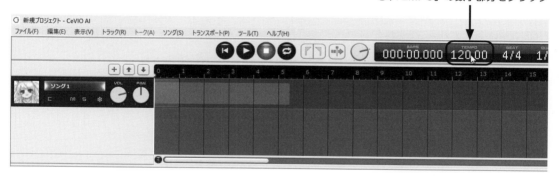

テンポを設定したら（②）、「OK」ボタン（③）をクリックしてね。

②テンポを設定

テンポが設定された

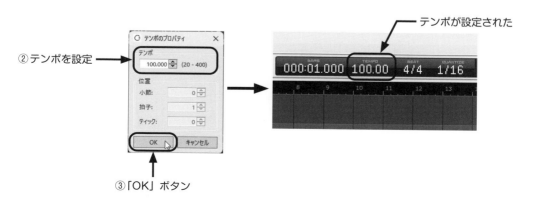

③「OK」ボタン

拍子の設定

インフォパネルの「BEAT」の分数部分をクリックすると（①）、「拍子のプロパティ」画面が表示されるよ。

①「BEAT」の分数部分をクリック

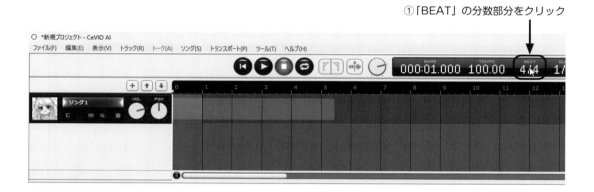

拍子を設定したら（②）、「OK」ボタン（③）をクリックしてね。

②拍子を設定

③「OK」ボタン

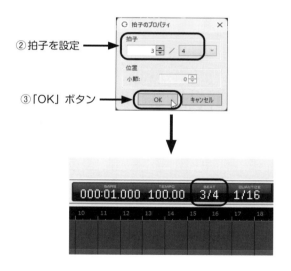

拍子は、1小節の中にいくつ拍が入るのかを表したものだよ。

 ちょっとコーヒーブレイク

拍と拍子

　一定の間隔で刻まれるリズム、その１つ１つを「拍」といいます。

　例えば人間の心臓の鼓動などもそうです。心拍数などと呼びますが、ドクン・ドクン、と聞こえる心臓の音、その１つ１つも拍になります。他にも、観光スポットになっているバッキンガム宮殿の衛兵交代式、あの一糸乱れぬ足の動きも一定の間隔で刻まれるリズムです。

　音楽は一定の間隔をもった音の繰り返しが基本になっていて、この音の１つ１つを「拍」といいます。拍は２つ、３つ、４つと集まり、１つのまとまりを成し、そのまとまりが反復されたものを「拍子」といいます。

　拍が２つのまとまりは２拍子、拍が３つのまとまりは３拍子、拍が４つのまとまりは４拍子と呼ばれます。例えば基本となる拍が４分音符の場合、２つのまとまりを2/4 拍子（よんぶんのにびょうし）、３つのまとまりを3/4 拍子（よんぶんのさんびょうし）、４つのまとまりを4/4 拍子（よんぶんのよんびょうし）と表記します。

　そしてこのまとまりを示すのが小節です。２拍子なら２拍で１小節、４拍子なら４拍で１小節となります。またそのときの拍の数え方は４拍子の場合、１拍、２拍、３拍、４拍、１拍、２拍、３拍、４拍…と数えます。次の小節になると５拍とはいわず１拍から数えなおします。

　世の中の多くの曲は４拍子で作られています。２拍子や３拍子というとイメージしづらいかもしれませんが、例としていくつか曲名をあげておきます。拍を感じながら歌ったり聴いたりしてみてください。

２拍子の曲：森のくまさん、うさぎとかめ、きんたろう
３拍子の曲：ぞうさん、海、ふるさと、こいのぼり

4　音符の入力と削除

　音符の入力と削除は楽譜編集画面でやるんだよ。調整ツールの「NOR」（楽譜編集）ボタンを点灯させてね。

「NOR」（楽譜編集）ボタン

🐚音符の入力

手順1　インフォパネルの「QUANTIZE」の分数部分をクリックして（①）、入力できる音符の細かさを設定するよ。ここでは例として「1/4」を選択しました（②）。

①「QUANTIZE」の分数部分をクリック　　　　　②「1/4」を選択

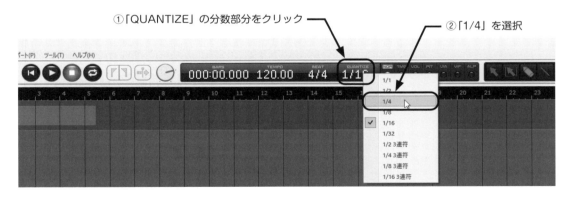

手順2　編集ツールから「ペンツール」　（③）をクリックして選択してね。

③「ペンツール」

手順3 ピアノロール上の音符を置きたい場所で、右方向にドラッグすると（④）音符が入力できるよ。ドラッグする長さに合わせて音符の長さが調整できるからね。

④右方向にドラッグする

入力前に音の高さを確認したいときは、ピアノロール画面左側の鍵盤をクリックするとクリックした鍵盤の高さでめるが声を出すよ。

0小節めには音符を入力することはできないから気をつけてね！

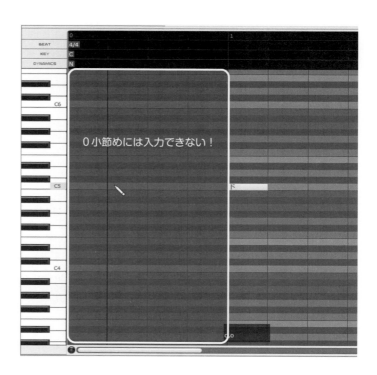

0小節めには入力できない！

音符の削除

削除方法その1

手順1 編集ツールから「消しゴムツール」 📖（①）をクリックして選択してね。

①「消しゴムツール」

手順2 削除したい音符をクリックすると（②）削除できるよ。

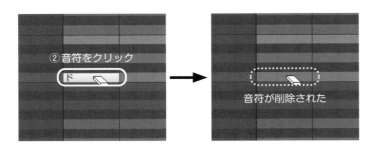

削除方法その2

手順1 編集ツールから「消しゴムツール」 📖以外のツールをクリックして選択してね。ここでは「選択ツール」 🔲（①）を選択したよ。

①「選択ツール」

手順2 音符の上にマウスカーソルを持ってくると🖑になるよ。その状態で音符をクリックして選択してね（②）。

手順3 パソコンのキーボードの Delete キーを押すと削除できるよ（③）。

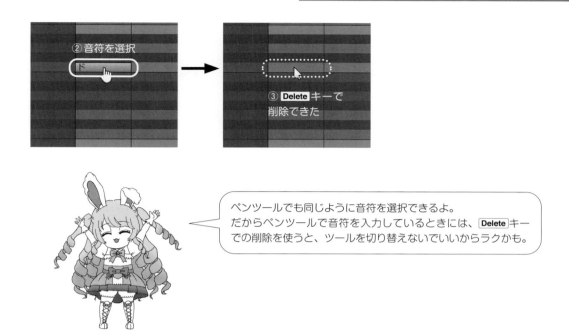

② 音符を選択

ド

③ **Delete** キーで
削除できた

ペンツールでも同じように音符を選択できるよ。
だからペンツールで音符を入力しているときには、**Delete** キー
での削除を使うと、ツールを切り替えないでいいからラクかも。

間違って音符を入力してしまったときは、音符を削除する他に「元に戻す」という機能を
使って音符を入力する前の状態に戻すこともできます。

メニューの「編集」から「元に戻す」を選択すると１つ前の作業状態まで戻るよ。

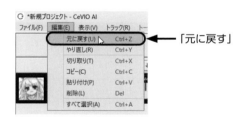

◀━━ 「元に戻す」

メニューの「編集」から「やり直し」を選択すると、「元に戻す」をする１つ前の状態に戻るよ。

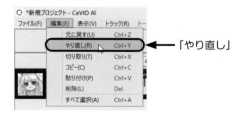

◀━━ 「やり直し」

5　入力した音符の編集

入力した音符は移動させたり、長さを変えたりできるよ。

音符の移動

手順1　編集ツールから「消しゴムツール」■以外のツールをクリックして選択してね。ここでは「選択ツール」▶（①）を選択したよ。

①「選択ツール」

手順2　音符の上にマウスカーソルを移動させると、マウスカーソルが🖑になるよ（②）。その状態でドラッグすると（③）、音符を上下左右に移動できるよ。

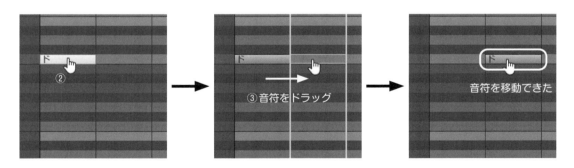

音符を選択後にパソコンのキーボードの⬆⬇キーを押すことで音符を半音ずつ、Shiftキーを押しながら⬆⬇キーを押すことで1オクターブずつ、移動できます。

複数の音符を囲って選択することで選択した音符を同時に移動させることもできるよ。

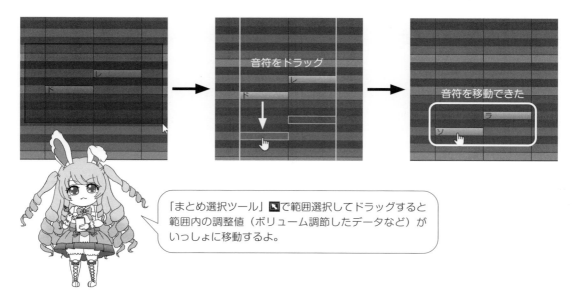

「まとめ選択ツール」■で範囲選択してドラッグすると範囲内の調整値（ボリューム調節したデータなど）がいっしょに移動するよ。

◎ 音符の長さを変える

[手順1] 編集ツールから「消しゴムツール」■以外のツールをクリックして選択してね。ここでは「選択ツール」■（①）を選択したよ。

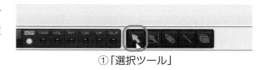

①「選択ツール」

[手順2] 音符の端にマウスカーソルを移動させるとマウスカーソルが「↔」になるよ（②）。その状態でドラッグすることで（③）、音符の長さが変更できちゃうよ（④）。

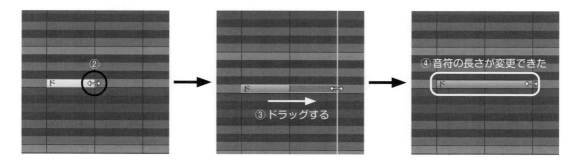

複数の音符を囲って選択することで、複数の音符の長さを同時に変更することもできるよ。

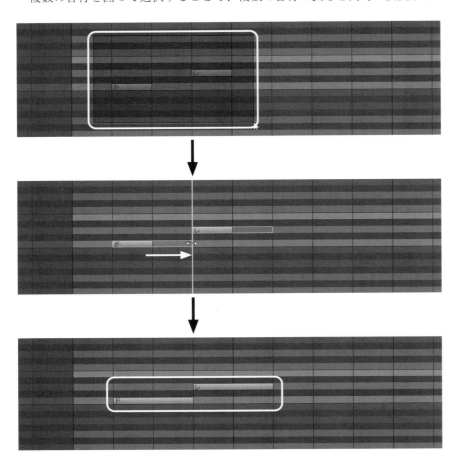

音符の左端をドラッグして
長さを変更することもできるよ。

6 音符のコピーと貼りつけ

　入力した音符はコピーして貼りつけることができるよ。同じフレーズが続くときはコピーを使うと楽ちんだよ。

手順1 編集ツールから「選択ツール」■（①）をクリックして選択してね。

①「選択ツール」

手順2 コピーしたい音符をドラッグして囲って選択してね（②）。

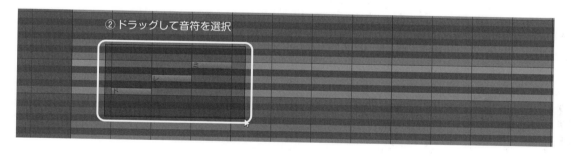

②ドラッグして音符を選択

手順3 メニューの「編集」（③）から「コピー」を選択するよ（④）。

③「編集」

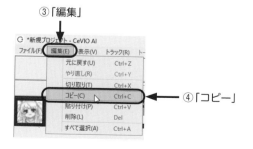

④「コピー」

[手順4] ルーラーで貼りつけたい場所をクリックして（⑤）、ポジションカーソルを移動させてね。

⑤貼りつけたい場所をクリック

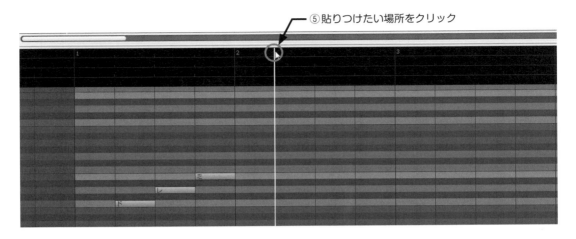

[手順5] メニューの「編集」から「貼り付け」（⑥）を選択すると、コピーした音符が貼りつけられるよ。

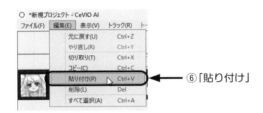

⑥「貼り付け」

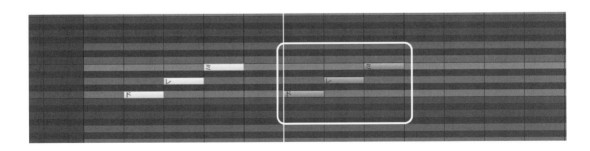

「まとめ選択ツール」■で範囲選択してコピーすると、範囲内の音符と調整値、強弱記号、テンポをまとめてコピーできます。貼りつけ時にも音符と調整値、強弱記号、テンポが貼りつけられます。

7 歌詞の入力

　入力した音符に歌詞を入れるとめるが歌うよ。

　音符には最初、入力した音符の音名「ドレミファソラシ」が割り振られているよ。歌詞を入力するには、自動で割り振られている音名を消してから新しい歌詞を入力してね。入力できる歌詞はひらがな、カタカナ、英語になるよ。

⊚ まずは入力の基本操作だよ

[手順1] 編集ツールから「選択ツール」 ◤ （①）をクリックして選択してね。

①「選択ツール」

[手順2] 入力した音符の上でダブルクリックすると（②）、文字が入力できる状態になるよ。

[手順3] パソコンのキーボードを使って文字を入力してね。文字を入力したらパソコンの Enter キーを押すと入力が確定されるよ。

② ダブルクリック

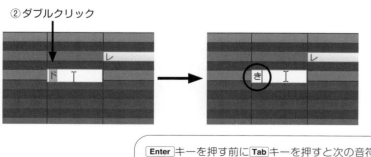

Enter キーを押す前に Tab キーを押すと次の音符に文字が入力できる状態に、 Shift + Tab キーを押すと逆に1つ前の音符が文字入力できる状態になります。

歌詞を入力するときは、実際に発音する言葉で入力してね。例えば、「わ」と歌わせたい「は」は「わ」で入力するよ。

例　わたしは　→　わたし<u>わ</u>

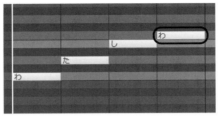

「は」で入力すると、「は（ha）」と歌っちゃうよ。

🌀 1 つの音符に複数の文字が入力できるよ

CeVIO AI では、1 つの音符に対して複数の歌詞（文字）が入力できるよ。ポップスなどで 1 つの音符を 2 文字で歌っているところなんかも再現できるよ。

　例えば

「あ い た い」

は 4 文字だけど

「あ　い　たい」

と 3 つに分けて、音符 3 つに割り振ることができるんだよ。

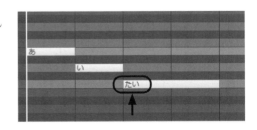

🐌 促音（っ）の入れ方だよ

「だって」という歌詞を使ってちっちゃい「っ」の入れ方のポイントを教えるね。

他の歌声合成ソフトの経験がある人だと、「っ」のところは音符を入れないで休符にすることで「っ」が表現できていたと思うんだけど、CeVIO AI では休符を入れると、休符の場所で息を吸っちゃうの！　そうするとちょっと違和感がある「っ」になっちゃうでしょ。

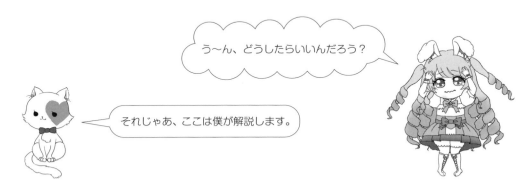

休符をいれた例はこんな感じです。

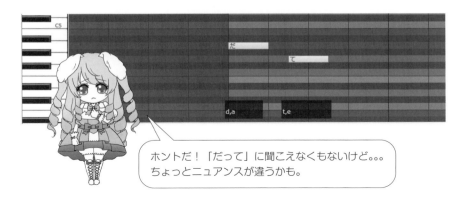

「っ」を表現したかったら、「っ」を入れる音符を用意して「っ」を入力しましょう。

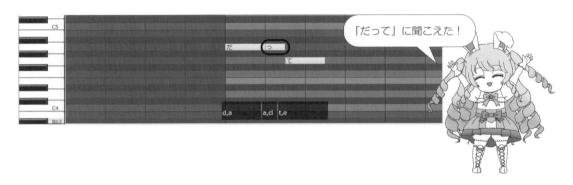

でも、「っ」を入れても曲のテンポがゆっくりだったり、「っ」の音の長さが長かったりすると、「っ」に聞こえないこともあります。

例えば「っ」の音が長いときなど、

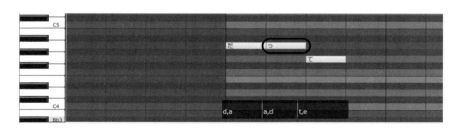

「だあーって」に聞こえる。

そんなときは発声タイミングを調整しましょう。

調整ツールの「TMG」（タイミング調整）ボタンをクリックして点灯させます。

「TMG」（タイミング調整）ボタン

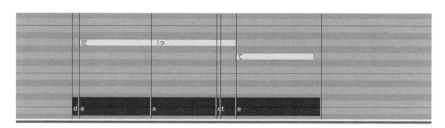

音符の下のほうを見ると、入力した歌詞の音素（子音と母音など）が表示されていて、その発音タイミングに赤紫色の線が引かれています。

「っ」の音素は、前の文字の母音（ここでは「だ（da）」の「a」）と「cl」でできています。「cl」は音符の後ろのほうに位置しているので、「cl」のタイミングの赤紫色の線は見えるけど、「cl」の文字は拡大しても見えません。

　CeVIO では「cl」のところで発音しなくなります。「cl」のタイミングを示す赤紫色の線をドラッグして前後に移動させることで、「っ」のニュアンスを調整することができます。線を少し前に移動させてみましょう。ドラッグするときはペンツール 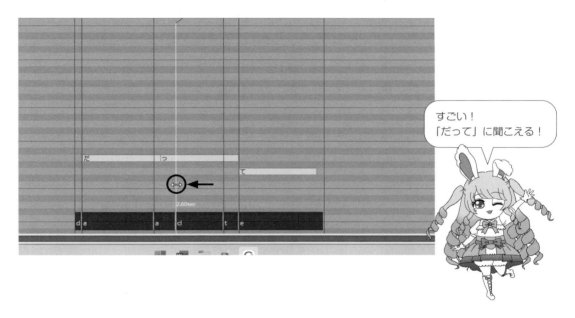 にしてドラッグします。

　タイミングの調整が終わったら、調整ツールの「NOR」（楽譜編集）ボタンを点灯させて楽譜編集画面に戻しておきましょう。

「NOR」（楽譜編集）ボタン

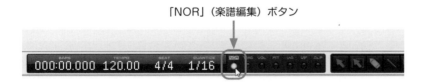

　もう１つ「っ」の入れ方があります。それは１つの音符に「っ」も含めて「だっ」のように２文字で入力する方法です。

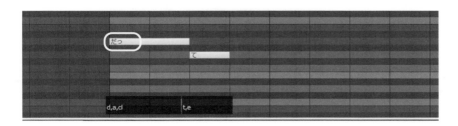

２文字で入力したときも同じように、発声タイミングを調整して「っ」のニュアンスを調整しましょう。

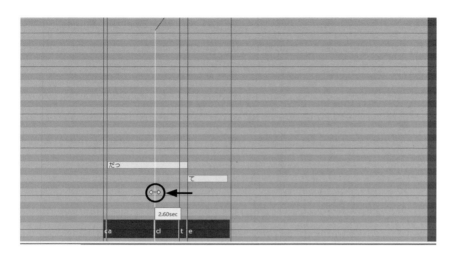

◎歌詞のまとめ入力だよ

　CeVIO AIではまとめて歌詞を入力することができるよ。

[手順1] 入力を開始したい音符を右クリックして（①）、表示されるメニューから「歌詞のまとめ入力」（②）を選んでね。

①音符を右クリック　　　　②「歌詞のまとめ入力」

音符を選択したあとに、パソコンの文字入力が半角英数の状態で「F8」キーを押してもできるよ。

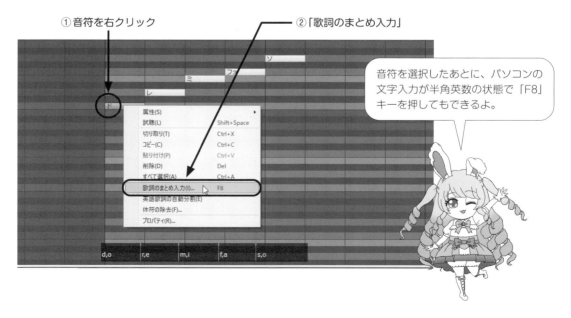

手順2 「歌詞のまとめ入力」画面が表示されるので、「1音符1文字」を選択してね（**③**）。1つの音符に1文字ずつ割り当てられるようになるよ。

手順3 歌詞を書き込んで（**④**）「OK」ボタンをクリックすると（**⑤**）歌詞がまとめて入力されるよ。

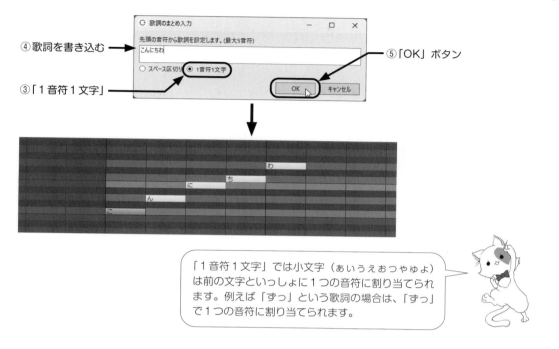

④歌詞を書き込む

⑤「OK」ボタン

③「1音符1文字」

「1音符1文字」では小文字（あいうえおっゃゅょ）は前の文字といっしょに1つの音符に割り当てられます。例えば「ずっ」という歌詞の場合は、「ずっ」で1つの音符に割り当てられます。

もう1つの「スペース区切り」（**⑥**）を選択した場合は、スペースで区切った言葉ごと、音符に割り当てられるよ。

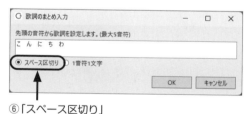

⑥「スペース区切り」

英語歌詞の入力もできるよ

奏兎めるは英語の歌詞にも対応しています。1つの音符に対して英語の単語を1つ入れることができるよ。

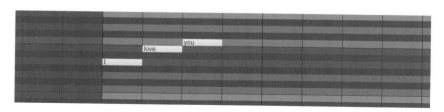

1つの単語を2つの音符にわけて発音させたい場合は、音節で区切ってね。
例えば

    happy　は　hap - py

と分けられるので、音符に入力する際には最初の音符に「hap」、次の音符に「-py」と入力してね。
「-」を入れることで、つながった1つの単語として歌うよ。

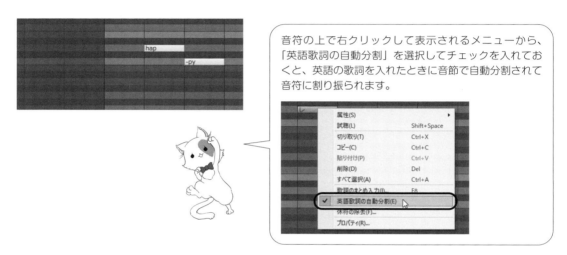

音符の上で右クリックして表示されるメニューから、「英語歌詞の自動分割」を選択してチェックを入れておくと、英語の歌詞を入れたときに音節で自動分割されて音符に割り振られます。

    英語の読みを日本語で入力することもできるよ。例えば、「I love you」はこんな感じで入力できちゃいます。

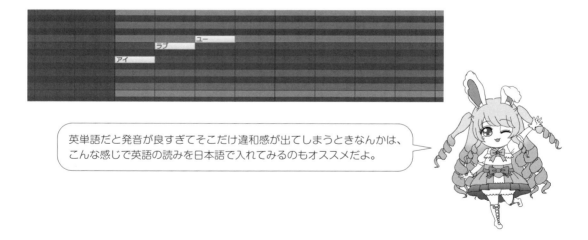

英単語だと発音が良すぎてそこだけ違和感が出てしまうときなんかは、こんな感じで英語の読みを日本語で入れてみるのもオススメだよ。

8 歌声の編集

音符に歌詞を入れてできあがった歌声は、「調整ツール」を使うことでより細かく編集することができるよ。

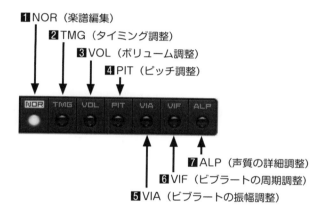

❶NOR（楽譜編集）
❷TMG（タイミング調整）
❸VOL（ボリューム調整）
❹PIT（ピッチ調整）
❼ALP（声質の詳細調整）
❻VIF（ビブラートの周期調整）
❺VIA（ビブラートの振幅調整）

調整ツールは、クリックしてボタン部分を点灯させると、その調整画面がピアノロールの部分に表示され、編集できるようになるよ。

ボタンを点灯

調整画面が表示される

また、ボタン上の文字部分をクリックして点灯させることで、複数の調整画面を重ねて表示できちゃいます。

文字部分をクリックして点灯

複数の調整画面が重ねて表示される

楽譜編集画面は、重ねて表示できないよ。

それぞれを細かく紹介するね。

1 楽譜編集（NOR）

音符を入力するときの画面だよ。音符を入力、編集するときにはこれを選択してね。

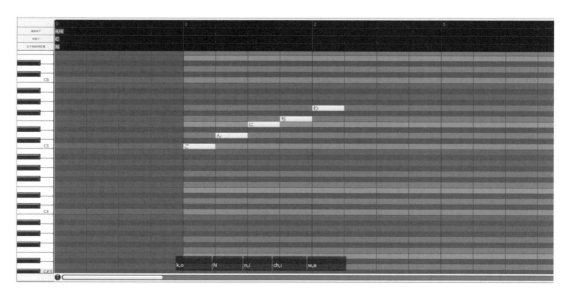

❷タイミング調整（TMG）

音素単位、または音符単位で発音のタイミングが調整できる画面だよ。

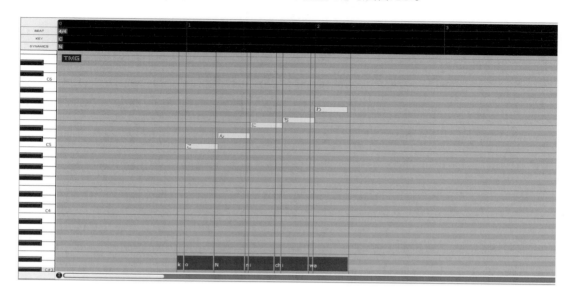

「ペンツール」　を選択して、赤紫色のラインをドラッグして、音素単位でタイミングを調整してね。

　画面下の音素が書かれた黒い箱の左側をドラッグすることで、音符単位の調整ができます。

音素単位

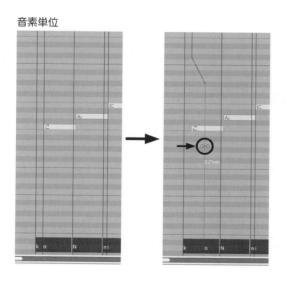

音符単位

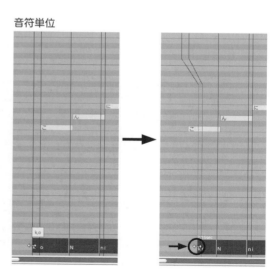

母音のタイミングにある赤紫色のラインを後ろ（右側）へドラッグして、少しためた感じの歌い方にしてもいいかもね！
ドラッグするときは「ペンツール」、もとに戻したいときは「消しゴムツール」だよ。

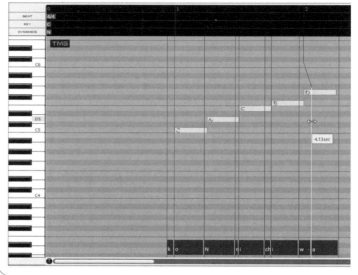

音素の中での音の変化を示す4本の「状態ライン」という薄紫色のラインを出して編集することもできます。状態ラインは初期設定では非表示になっていますが、メニューの「ソング」（①）→「ライン表示」（②）→「タイミングの状態ライン」（③）を選択してチェックを入れることで表示されます。より細かくタイミングの調整がしたい人は試してみてください。

①「ソング」

②「ライン表示」

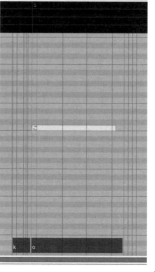

③「タイミングの状態ライン」

3 ボリューム調整（VOL）

　音量（ボリューム）を調整することができる画面だよ。ボリュームは青い線で表示されるので、「ペンツール」 でドラッグしてボリュームを書きなおすことができるよ。変更したところはオレンジ色の線で表示されるよ。

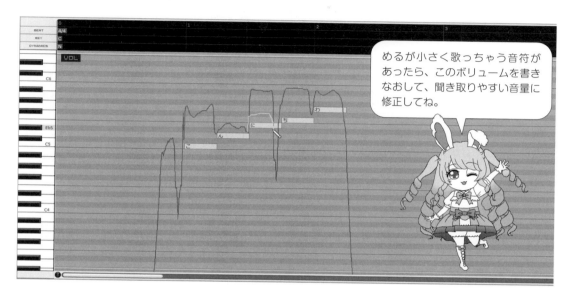

めるが小さく歌っちゃう音符があったら、このボリュームを書きなおして、聞き取りやすい音量に修正してね。

4 ピッチ調整（PIT）

　音程を調整することができる画面だよ。音程は緑色の線で表示されるので、「ペンツール」 でドラッグして書きなおすことができるよ。変更したところはオレンジ色の線で表示されるよ。

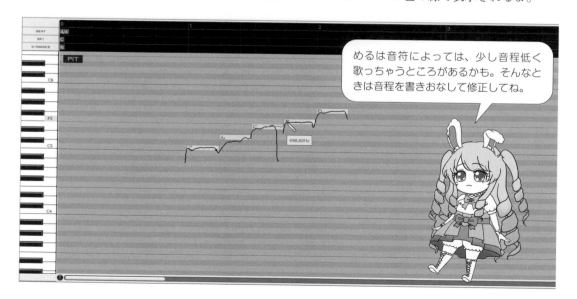

めるは音符によっては、少し音程低く歌っちゃうところがあるかも。そんなときは音程を書きおなして修正してね。

5 ビブラートの振幅調整（VIA）

　ビブラートの振幅が調整できる画面だよ。

　ビブラートの振幅具合を見ながら作業するには、4の「ピッチ調整」の画面もいっしょに表示しておくとわかりやすいよ。

　振幅の大きさは「ペンツール」 を使ってドラッグして変更できるよ。ドラッグしたところに表示されるオレンジ色の線がピアノロールの上のほうになるほど、振幅が大きくなるよ。

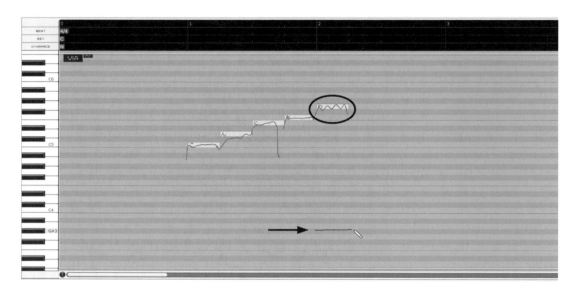

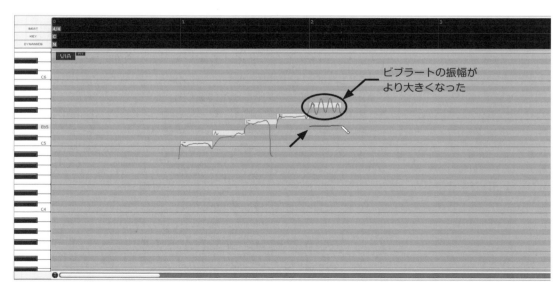

ビブラートの振幅が
より大きくなった

6 ビブラートの周期調整（VIF）

ビブラートの周期が調整できる画面だよ。

ビブラートの周期の具合を見ながら作業するには、4の「ピッチ調整」の画面もいっしょに表示しておくとわかりやすいよ。

ビブラートの周期は「ペンツール」🖊️を使ってドラッグして変更できるよ。ドラッグしたところに表示されるオレンジ色の線がピアノロールの上のほうになるほど、周期が短くなるよ。

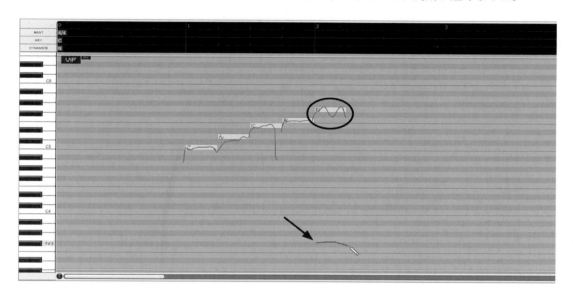

ビブラートがない音符にビブラートを追加するには、5の振幅と6の周期の両方を書く必要があります。

⑦声質の詳細調整（ALP）

　声質（歌声）の調整ができる画面だよ。声質はオレンジ色の線で表示されていて初期値が真ん中になっているよ。「ペンツール」でドラッグして声質を細かく調整することができるよ。

　真ん中より上にいくと大人びた声質になるよ。

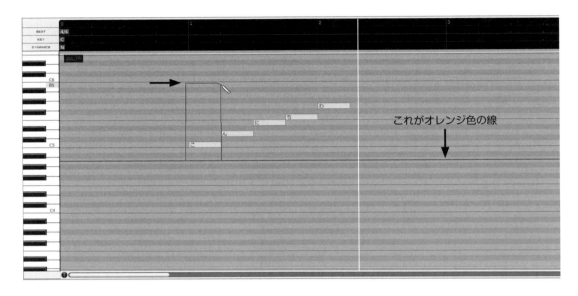

　真ん中より下にいくと子供っぽい声質になるよ。

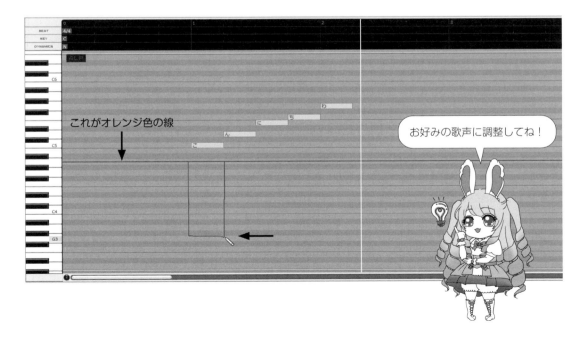

9 MIDI データの読み込み

　他の音楽ソフト（DAW）などで作成したメロディの MIDI データは、CeVIO AI で読み込むことができるよ。読み込むことができる形式は MIDI データだよ。

手順1　メニューの「ファイル」（①）から「インポート」（②）→「MIDI の読み込み」（③）を選択してね。

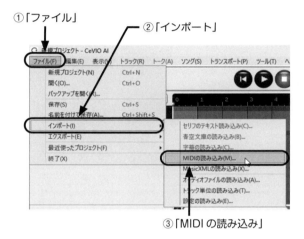

①「ファイル」

②「インポート」

③「MIDI の読み込み」

手順2　「MIDI の読み込み」画面が表示されるので、読み込みたい MIDI データを選択し（④）、「開く」ボタンをクリックしてね（⑤）。

④MIDI データを選択

⑤「開く」ボタン

手順3 「MIDI インポート」画面が表示されるよ。読み込みたいトラックにチェック入れてね（⑥）。

手順4 「テンポと拍子も読み込む」（⑦）にチェックを入れて「OK」ボタンをクリックしてね（⑧）。

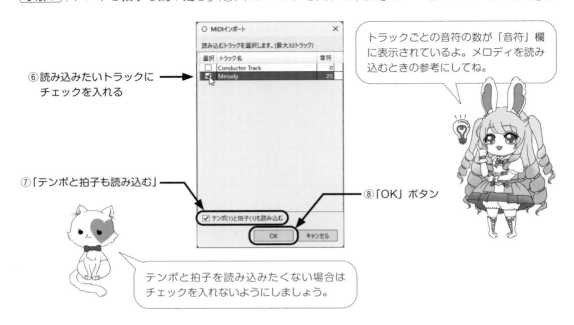

⑥読み込みたいトラックに
　チェックを入れる

⑦「テンポと拍子も読み込む」

⑧「OK」ボタン

トラックごとの音符の数が「音符」欄
に表示されているよ。メロディを読み
込むときの参考にしてね。

テンポと拍子を読み込みたくない場合は
チェックを入れないようにしましょう。

MIDI データが読み込まれるよ。

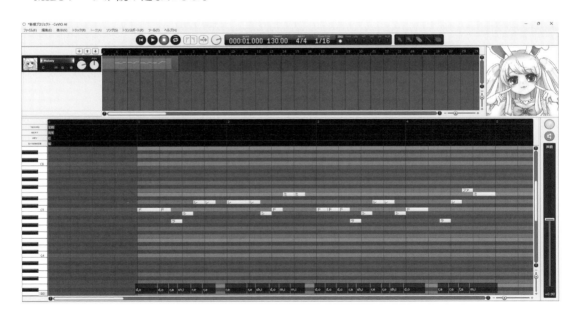

読み込んだデータによっては「音符の位置と長さを補正しました」とメッセージが出ることがあります。このメッセージが出たら「OK」ボタンをクリックしましょう。

メニューの「ファイル」から「インポート」→「MusicXML ファイルの読み込み」（⑨）を選択することで、MusicXML ファイルも読み込むことができちゃうよ。

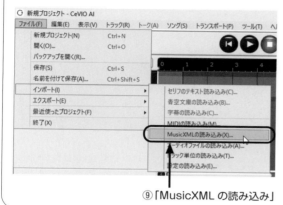

⑨「MusicXML の読み込み」

10 伴奏データの読み込み

オーディオファイルの伴奏を CeVIO AI に読み込むことができるよ。読み込むことができるファイル形式は 8bit、もしくは 16bit の WAV だよ。

[手順1] トランスポートの「先頭」ボタン（①）をクリックしてポジションカーソル（②）を曲頭に戻してね（③）。

ポジションカーソルを曲頭に戻すのを忘れないようにしてね。

オーディオファイルを読み込むと、オーディオトラックができ、ポジションカーソルの位置からオーディオファイルが貼りつけられます。

手順2 メニューの「ファイル」（④）から「インポート」（⑤）→「オーディオファイルの読み込み」（⑥）を選択してね。

④「ファイル」

⑤「インポート」

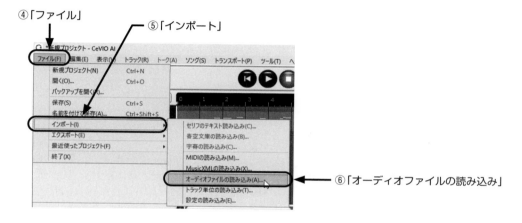

⑥「オーディオファイルの読み込み」

手順3 「オーディオファイルの読み込み」画面が表示されるので伴奏（WAV）を選択し（⑦）、「開く」ボタン（⑧）をクリックすると伴奏データが読み込まれるよ。

⑦伴奏を選択

⑧「開く」ボタン

オーディオトラックが選択されていると、ピアノロール画面があった場所はこのような画面になるよ。ソングトラックを選択すると、音符が入力できるピアノロール画面が表示されるよ。

読み込んだオーディオファイルはドラッグして位置を変更することができるよ。

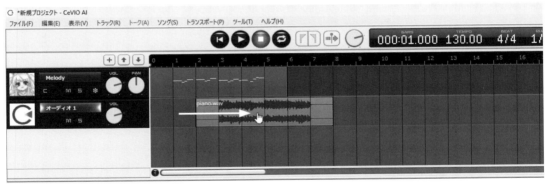

24bit、32bit の WAV には対応していません。
またサンプリングレートが 48kHz 以外の場合は、
48kHz に自動で変換されて読み込まれます。

CeVIO AI は、読み込んだオーディオファイルがパソコンのどこに
あるファイルかを記憶しているよ。読み込んだオーディオファイル
を別の場所に移動させちゃうと、次にプロジェクトを開いたときに、
オーディオファイルが読み込めなくなっちゃうので気をつけてね。

11 CeVIO AI ファイルの保存と WAV データの書き出し

　CeVIO AI で作業したデータは CeVIO AI ファイルで保存することで、CeVIO AI のソフトを閉じたあとでも、また続きから作業することができるよ。

　WAV データの書き出しでは、入力した歌声や伴奏などを WAV データとして書き出すことができるよ。

◎CeVIO AI ファイルとして保存する

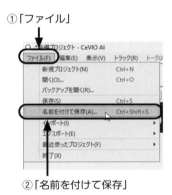

①「ファイル」

②「名前を付けて保存」

手順1 メニューの「ファイル」（①）から「名前を付けて保存」（②）を選択してね。

手順2 「名前を付けて保存」画面が表示されるよ。保存する場所を選択して、「ファイル名」欄にファイル名を入力し（③）、「保存」ボタン（④）をクリックしてね。

③ ファイル名を入力

④「保存」ボタン

CeVIO AI のファイル（CCS ファイル〔.ccs〕）として保存されたよ。

このファイルをダブルクリックすると保存したところからまた作業ができるよ。

◎WAV データとして書き出す

[手順1] メニューの「ファイル」（①）から
「エクスポート」（②）→「ミックスダウン
WAV 書き出し」（③）を選択してね。

① 「ファイル」 ② 「エクスポート」

③ 「ミックスダウン WAV 書き出し」

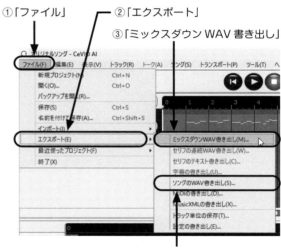

④ 「ソングの WAV 書き出し」

「ミックスダウン WAV 書き出し」
では、すべてのトラックの音がまと
まって1つの WAV として書き出さ
れます。
「ソングの WAV 書き出し」（上図④）
では、書き出すトラックが選択でき、
「対象トラック」欄でチェックを入
れたトラックが書き出されます。

手順2 「ミックスダウンWAV書き出し」画面が表示されるよ。保存する場所を選択して、「ファイル名」欄にファイル名を入力し（⑤）、「保存」ボタンをクリックしてね（⑥）。

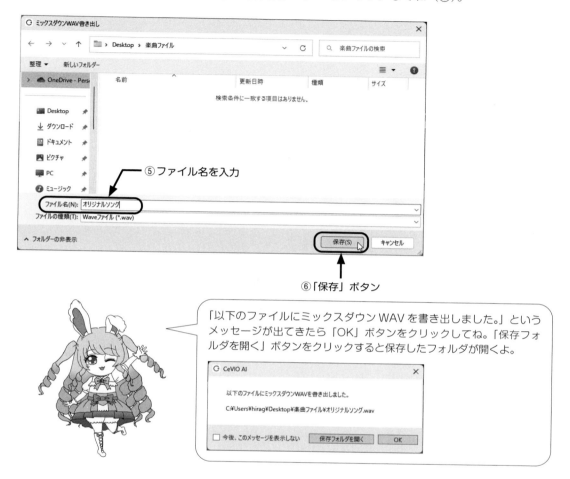

⑤ ファイル名を入力

⑥「保存」ボタン

「以下のファイルにミックスダウンWAVを書き出しました。」というメッセージが出てきたら「OK」ボタンをクリックしてね。「保存フォルダを開く」ボタンをクリックすると保存したフォルダが開くよ。

作ったものがオーディオファイル（WAVデータ）として書き出されたよ。

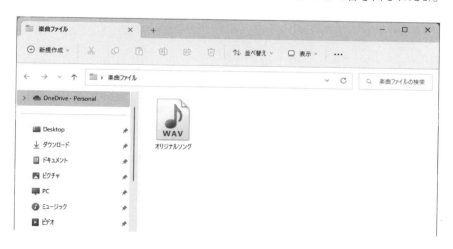

メニューの「ツール」→「オプション」で開く「オプション」画面の「WAV 書き出しの形式」から「ソングの WAV 書き出し」のビッドレート、サンプリングレートを変えることもできます。

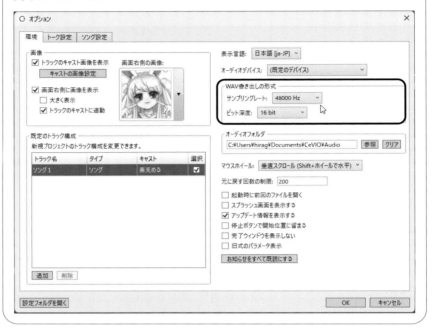

音楽 CD を作るときは、

　サンプリングレート：44100Hz、ビット深度：16bit

にする必要があるけど、すべてのトラックの音をまとめて 1 つの WAV に書き出す「ミックスダウン WAV 書き出し」は「48000Hz、16bit」固定になっているよ。CD に焼く場合は、書き出したファイルを他のソフトなどで「44100Hz、16bit」に変換してね。
トラックごとで WAV に書き出す「ソングの WAV 書き出し」は上記設定で「44100Hz、16bit」に変更して書き出しができるよ。

※ サンプリングレート、ビット深度の固定の値は、本書執筆時 2023 年 2 月の時点での情報になります。

episode 04

もっと使い込んでみたい

1 母音の脱落記号を使ってみよう

「'」（全角アポストロフィ）を歌詞に入力することで、母音を発音させずに子音だけの発音にすることができちゃう。入力した「'」の1つ前の文字の母音が発音されなくなるよ。

例えば、night という単語をカタカナで入力すると「ナイト」になるよね。でも最後の音を「ト」とはっきり発音しちゃうと、英語っぽくならないでしょ。

そんなときは「ト」の文字に続けて「'」を入力しちゃうの。そうすると「ト」の母音「o」を発音しなくなるよ。

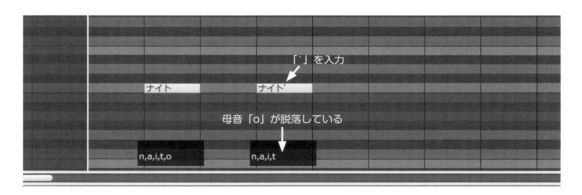

音符の下のほうに表示されている音素記号を見てみると「'」をつけたほうは「o」が脱落しているのがわかるよ。

日本語の歌詞を入力しているときでも、あんまりはっきり発音させたくないところ、例えば1つの音に「です」と入力するときに「です'」とつけて「す」の「u」を発音しなくさせたりとかでも使えるね！

2 裏声にするには

裏声（ファルセット）で歌わせる方法を教えちゃうよ！

🌀 1音ずつ裏声に設定するには

[手順] 歌詞を入力した音符の上で右クリックして（①）、表示されるメニューから「属性」（②）→「ファルセット」（③）を選択してね。

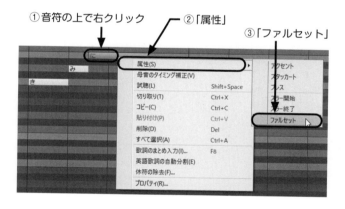

歌詞に「※」がつくよ。「※」がついた文字は裏声で歌うからね。

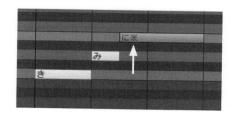

英語の歌詞のときは、「※」ではなく「$」がつくよ。

✿ 複数の音をまとめて裏声に設定するには

[手順1] 編集ツールから「選択ツール」▣（①）を選択してね。

①「選択ツール」

[手順2] 裏声にしたい音符をドラッグしてまとめて選択してね（②）。

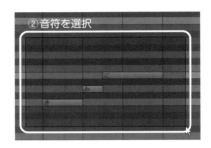

②音符を選択

[手順3] 選択した音符の上で右クリックして（③）、表示されるメニューから「プロパティ」（④）を選択してね。

[手順4] 「音符のプロパティ」画面が表示されたら、「属性」欄の「ファルセット」にチェックを入れてね（⑤）。

[手順5] 「OK」ボタン（⑥）をクリックすると設定完了だよ。

③音符の上で右クリック

⑤「ファルセット」

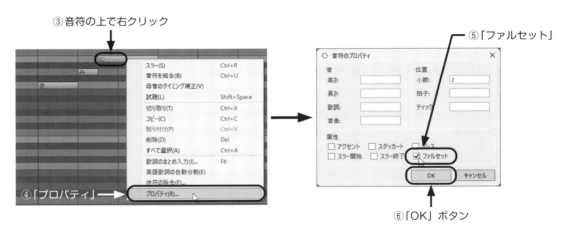

④「プロパティ」

⑥「OK」ボタン

選択していた音符の歌詞に「※」がつくよ。

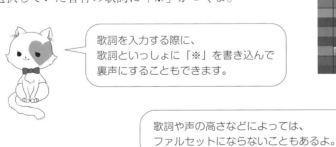

歌詞を入力する際に、
歌詞といっしょに「※」を書き込んで
裏声にすることもできます。

歌詞や声の高さなどによっては、
ファルセットにならないこともあるよ。

3 音素記号で入力

　歌詞は音素記号でも入力できるよ。音素記号での入力が好きな人は、音素入力モードに変えて入力してみてね。

[手順1] メニューの「ソング」（①）から「音素で歌詞入力」（②）を選択すると音素入力モードになるよ。

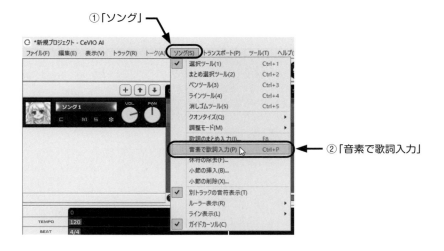

[手順2] 入力したい音符をダブルクリックすると（③）、「日本語 音素パレット」（④）が表示されるよ。

③音符をダブルクリック

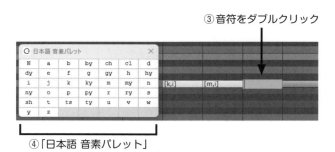

④「日本語 音素パレット」

音素入力モードに切り替えると、すでに入力されている歌詞も音素で表示されるよ。

手順3 パレットから音素記号をクリックすると入力できるよ。日本語の歌詞の場合は子音（**⑤**）、母音（**⑥**）の順番でクリックするよ。例えば「は」だったら「h」と「a」を順番にクリックして入力してね。

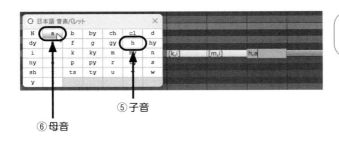

⑤子音

⑥母音

音素を続けて選択すると、音素と音素の間にはカンマ（,）が自動的に入力されるよ。

「日本語 音素パレット」を使わないで、パソコンのキーボードから直接、音素の文字を入力することもできます。ですが「日本語 音素パレット」にない文字を入力すると、入力後の文字が赤い色になり発音しなくなります。大文字と小文字の違いでもだめなので、なるべく音素は「日本語 音素パレット」から入力するようにしましょう。

手順4 入力が終わったら「日本語 音素パレット」の「閉じる」ボタン（**⑦**）をクリックすると入力したものが確定されるよ。

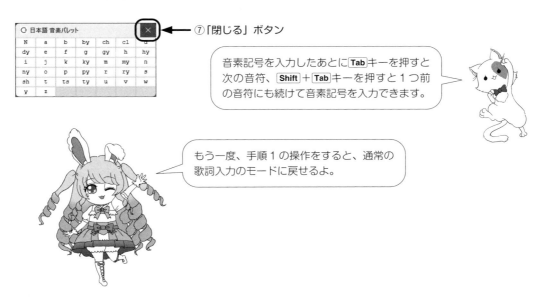

⑦「閉じる」ボタン

音素記号を入力したあとに[Tab]キーを押すと次の音符、[Shift]＋[Tab]キーを押すと1つ前の音符にも続けて音素記号を入力できます。

もう一度、手順1の操作をすると、通常の歌詞入力のモードに戻せるよ。

こんなこともできるよ！

「きみは」という歌詞があるとするよ。「きみは」と歌詞で入力しちゃうと、最後の「は」は「ha」と歌っちゃうよね。
　ここを音素記号で、「わ」と歌うように変えてみるよ。

　歌詞をひらがなで入力したら、音素入力モードに切り替えると、入力したひらがなが音素で表示されるようになるよ。修正したい音符をダブルクリックして「h,a」を「w,a」にしよう。

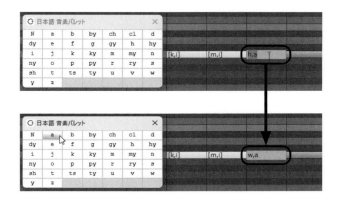

　メニューの「ソング」からもう一度「音素で歌詞入力」を選択してチェックをはずし、もとの歌詞入力モードに戻すと、歌詞の後ろに変更した音素記号もいっしょに表示されるよ。

歌詞は普通に表示させておきたい人にいいかも！

　これで歌詞は「は」と書かれているけど、音素記号では「w,a」になっているから「きみわ」と歌うよ。

音素入力モードで母音を入れないように入力することで、この章の項目1で説明した母音の脱落と同じ表現ができるよ。

4 アクセント、スタッカート、ブレスを入れる

アクセントやスタッカート、ブレスを入れる方法を紹介するね。アクセントのマークがついた音符は少し大きめに、スタッカートのマークがついた音符は少し短めに歌うよ。そしてブレスのマークがつけた音符は音符の終わりで息を吸うからね。

アクセントのつけ方

アクセントをつけたい音符の上で右クリックして（①）、表示されるメニューから「属性」（②）→「アクセント」（③）を選択してね。音符にアクセントマークがつくよ（④）。

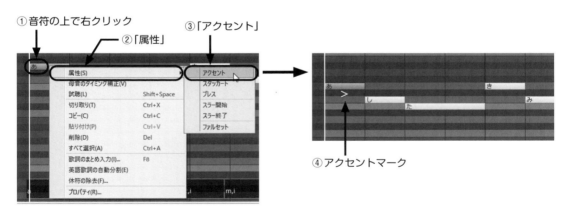

スタッカートのつけ方

スタッカートをつけたい音符の上で右クリックして（①）、表示されるメニューから「属性」（②）→「スタッカート」（③）を選択してね。音符にスタッカートマークがつくよ（④）。

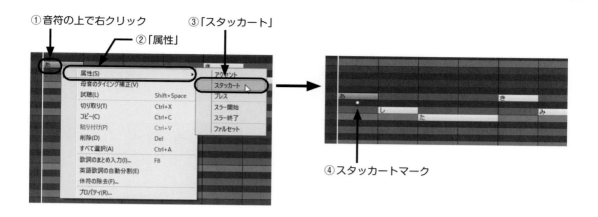

① 音符の上で右クリック　②「属性」　③「スタッカート」　④スタッカートマーク

ブレスのつけ方

　歌い終わりにブレスを入れたい音符の上で右クリックして（①）、表示されるメニューから「属性」（②）→「ブレス」（③）を選択してね。音符の終わりにブレスマークがつくよ（④）。

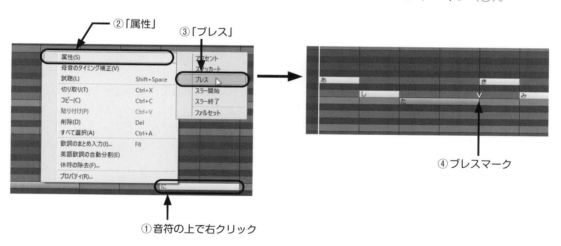

②「属性」　③「ブレス」　④ブレスマーク　① 音符の上で右クリック

一度つけたアクセント、スタッカート、ブレスは、同じようにもう一度メニューから選択することで、外すことができるよ。

❡ 複数の音符にまとめてアクセント、スタッカート、ブレスをつけるには

手順1 編集ツールから「選択ツール」 ■ （①）を選択してね。

①「選択ツール」

手順2 アクセント、スタッカート、ブレスなどをつけたい音符をドラッグしてまとめて選択してね（②）。

> ドラッグしたときに表示される枠で完全に囲わなくても、枠に触れている音符までが選択されます。

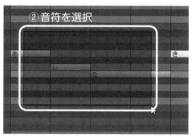

②音符を選択

手順3 選択した音符の上で右クリックして、表示されるメニューから「プロパティ」（③）を選択してね。

手順4 「音符のプロパティ」画面が表示されたら、「属性」欄（④）の「アクセント」「スタッカート」「ブレス」からつけたいものにチェックを入れてね。

手順5 「OK」ボタン（⑤）をクリックすると設定完了だよ。

③「プロパティ」　④「属性」　⑤「OK」ボタン

選択していた音符にスタッカートがまとめてついたよ。

5 スラーをつける

スラーをつけると、なめらかに歌うよ。

手順1 編集ツールから「選択ツール」  （①）を選択してね。

①「選択ツール」

手順2 スラーをつけたい音符をドラッグしてまとめて選択してね（②）。

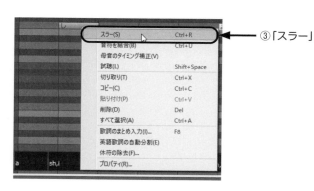

② 音符を選択

手順3 選択した音符の上で右クリックして、表示されるメニューから「スラー」（③）を選択してね。

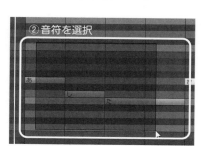

③「スラー」

スラー(S)	Ctrl+R
音符を結合(B)	Ctrl+U
母音のタイミング補正(V)	
試聴(L)	Shift+Space
切り取り(T)	Ctrl+X
コピー(C)	Ctrl+C
貼り付け(P)	Ctrl+V
削除(D)	Del
すべて選択(A)	Ctrl+A
歌詞のまとめ入力(I)...	F8
英語歌詞の自動分割(E)	
休符の除去(F)...	
プロパティ(R)...	

選択していた音符にスラーがついたよ。

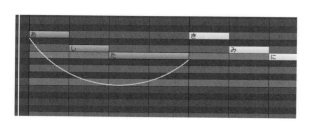

スラーのついたフレーズはなめらかに歌うよ。

スラーの開始と終了の音を1音ずつ指定してその間をスラーでつなぐ、というつけ方もあるよ。

手順1 まずはスラー開始の音（①）の上で右クリックして、表示されるメニューから「属性」（②）
→「スラー開始」（③）を選択してね。

開始音に赤いスラーのマークがつくよ（④）。

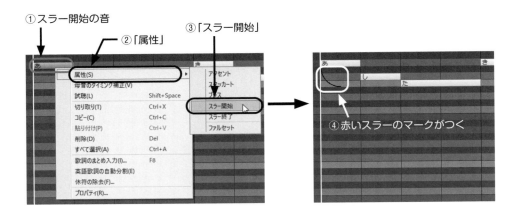

①スラー開始の音

②「属性」

③「スラー開始」

④赤いスラーのマークがつく

手順2 続いてスラー終了の音（⑤）の上で右クリックして表示されるメニューから「属性」（⑥）
→「スラー終了」（⑦）を選択してね。

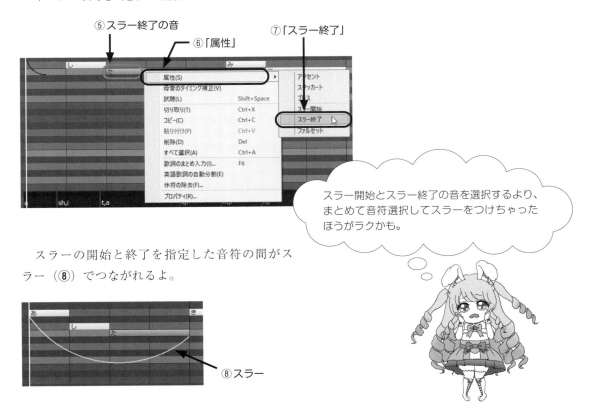

⑤スラー終了の音

⑥「属性」

⑦「スラー終了」

スラー開始とスラー終了の音を選択するより、
まとめて音符選択してスラーをつけちゃった
ほうがラクかも。

スラーの開始と終了を指定した音符の間がス
ラー（⑧）でつながれるよ。

⑧スラー

6 歌声修正のコツ

　めるが上手く歌えなかったところは、歌声を修正してくれるとうれしいな。ここでは修正するときのコツを教えちゃうよ。

　音程を修正するときは、調整ツールの「PIT」（ピッチ調整）ボタンをクリックして点灯させてね。音程を直接編集できる画面になるから、めるが上手く歌えなかったところを直してね。

「PIT」（ピッチ調整）ボタン

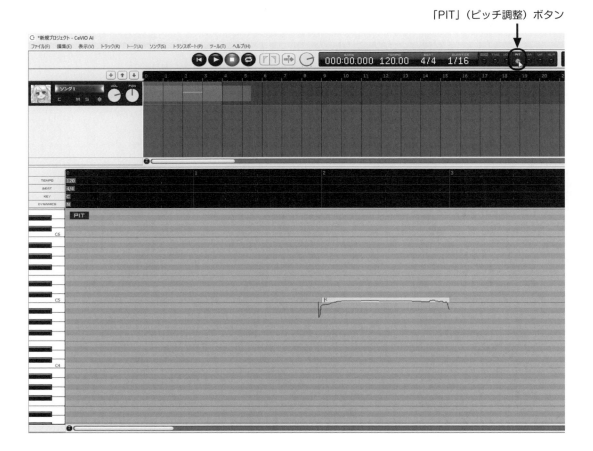

修正例1　ドラッグして音程を書き込む

めるは長い音を歌ったときに、音程が下がってきちゃう癖があるの。

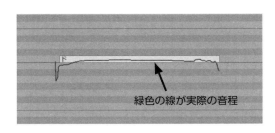

緑色の線が実際の音程

　画面右下にある縦軸の拡大縮小のスライダー、もしくは「＋」「−」ボタンを使って音程が見やすい大きさに拡大してみてね

縦軸を拡大したところ

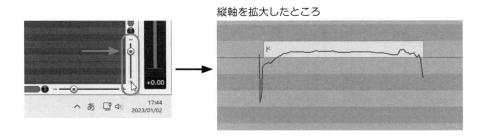

　音程が下がってきちゃったところは編集ツールの「ペンツール」◣を使って、ドラッグして音程を書きなおしてね。

ドラッグして音程を書きなおす

「ペンツール」

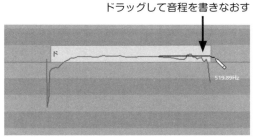

書きなおした音程はオレンジ色で表示されます。音程を示す線の下に見える「〇〇Hz」は音程を周波数で表したものです。

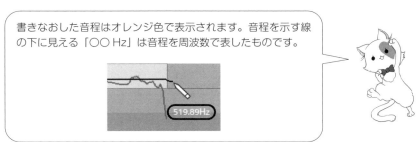

修正例2　選択した音程をまとめて移動させる

　歌い方（音程が変わっていく感じ）はいいんだけど、ちょっとだけ音程が低いかなとか、高いかなと感じたときは、編集ツールの「まとめ選択ツール」■を使ってみてね。「まとめ選択ツール」■で選択すると、音程をまとめて上下に動かせるよ。こうするとめるの歌い方はそのままに、音程を上げたり下げたりできるよ。

[手順1] 編集ツールから「まとめ選択ツール」■（①）を選択してね。

[手順2] 編集する範囲をドラッグして選択してね（②）。

①「まとめ選択ツール」

[手順3] 音程を示す緑色の線をドラッグして選択範囲の音程を移動させてね

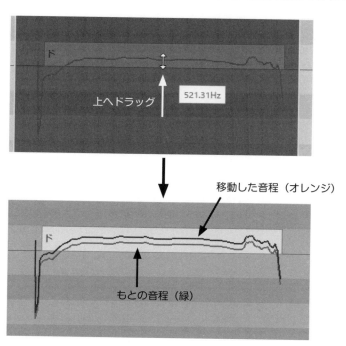

99

修正例3

　ピッチ調整の画面を見ても特に変なところはないのに、何か歌い方が変だなと思ったら、ボリューム調整画面もチェックしてみてね。

　調整ツールの「VOL」（ボリューム調整）ボタンをクリックして点灯させるとボリューム調整ができる画面になるよ。

　ボリュームの変化は青い線で表示されているよ。ボリュームが上下に動き過ぎているなど、違和感があるところを編集ツールの「ペンツール」を使って描きなおしてみてね。

「VOL」（ボリューム調整）ボタン

書きなおした線（オレンジ）

ボリュームの変化（青）→

　音量が上下にギザギザになっていたところを、直線で書きなおしてみたよ。

描きなおした部分は、もともとあった青い線の上にオレンジ色の線で表示されるよ。

7 ビブラートをつけたい

　音程を震わせることを「ビブラート」っていうんだよ。ビブラートは音を長く伸ばしたところで使うと、感情が入った歌声になるよ。ここではビブラートがない音符にビブラートをつける方法を教えちゃうよ。

[手順1] 調整ツールの「VIA」（ビブラートの振幅調整）ボタン（①）をクリックして点灯させてね。

[手順2] 調整ツールの「PIT」（ピッチ調整）ボタン上の「PIT」の文字をクリックして点灯させてね（②）。緑色の線で音程が見えるようになるよ。

[手順3] 編集ツールの「ペンツール」■（③）をクリックして選択してね。

②「PIT」の文字をクリック　　　　　①「VIA」（ビブラートの振幅調整）ボタン

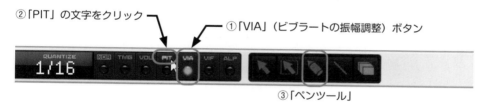

③「ペンツール」

[手順4] ビブラートをつけたいところをドラッグしてみてね。横軸でビブラートをつける範囲を選択（④）、縦軸の高さでビブラートの振幅度合が設定できるよ（⑤）、縦軸は上に行くほど振幅が大きくなるよ。

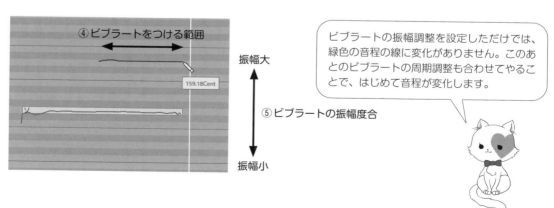

④ビブラートをつける範囲

159.18Cent

振幅大

⑤ビブラートの振幅度合

振幅小

> ビブラートの振幅調整を設定しただけでは、緑色の音程の線に変化がありません。このあとのビブラートの周期調整も合わせてやることで、はじめて音程が変化します。

[手順5] 調整ツールの「VIF」（ビブラートの周期調整）ボタン（⑥）をクリックして点灯させてね。

[手順6] 調整ツールの「ビブラートの振幅調整」ボタン上の「VIA」の文字（⑦）と、「ピッチ調整」ボタン上の「PIT」の文字（⑧）をそれぞれクリックして点灯させてね。

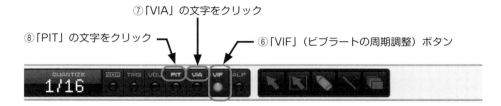

⑦「VIA」の文字をクリック

⑧「PIT」の文字をクリック

⑥「VIF」（ビブラートの周期調整）ボタン

[手順7] 横軸の長さは手順4でドラッグした範囲に合わせてドラッグしてね。縦軸の高さでビブラートの周期が変化するよ。上に行くほどに周期が早くなるからね。

周期が遅い　　　　　　　　　　　周期が早い

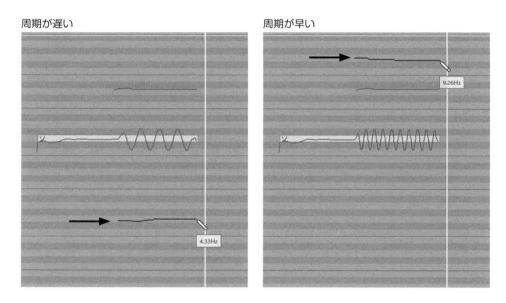

「ビブラートの振幅調整」と「ビブラートの周期調整」の両方を設定すると、音程を示す緑色の線が変化するのがわかります。

ビブラートを入れる仕組みはわかったけど、もっと簡単にそれっぽく入れる方法を知りたいという人は、次のように入れてみてね。

ポイント1

　ビブラートは、長く伸ばしてる音符に入れてね。でも、長い音符だからってあれにもこれにもと欲張ってビブラートにしないで、たまにビブラートが入ってる、くらいがちょうどいいよ。

ポイント2

　ビブラートは、音符を発音して半分くらい経ってから終わりまでで入れてね。

ポイント3

　「ビブラートの振幅調整」の線は左下から右上に向けて、「ビブラートの周期調整」の線は左上から右下に向けて、斜めに描いてみてね。そうすると次の図のように、音の終わりに向けてビブラートがだんだん大きくなっていくように設定できるよ。

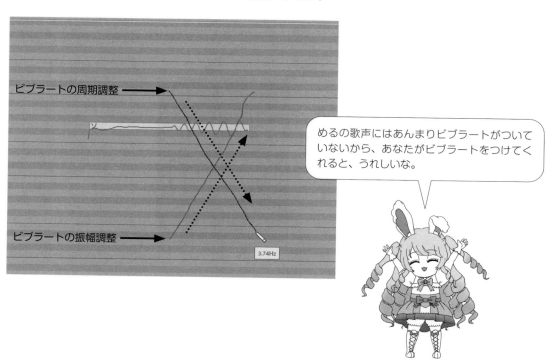

めるの歌声にはあんまりビブラートがついていないから、あなたがビブラートをつけてくれると、うれしいな。

8 強弱記号で
歌声のボリュームに変化をつけてみよう

　強弱記号を使うと、フレーズごとで歌声のボリュームを変えることができるよ。

　強弱記号を入力すると、それ以降はその記号で指示した音量で歌うよ。途中で音量を変えたいときは、変えたい場所に強弱記号を入れてね。

手順1 ルーラー部分に強弱記号を入力するレーン（DYNAMICS と書かれたレーン）が表示されていないときは、メニューの「ソング」（①）から「ルーラー表示」（②）→「強弱記号」（③）を選択して強弱記号を入力するレーン（④）を表示してね。
強弱記号のレーンでは、曲の頭で普通の音量を示す「N」に設定されているよ。

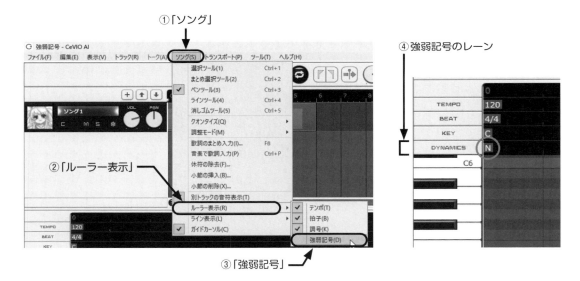

手順2 編集ツールから「ペンツール」　を選択して、レーンの上で音量を変えたいところをダブルクリックしてね（⑤）。「強弱記号のプロパティ」画面が表示されるよ。

手順3 「強弱記号」（**⑥**）のプルダウンメニューから音量を指示してね。

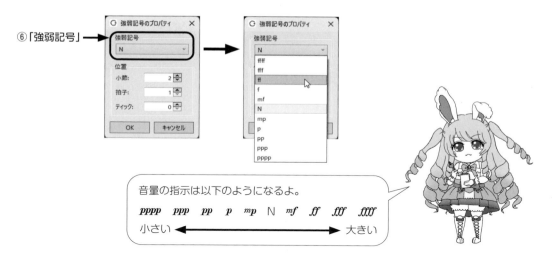

⑥「強弱記号」

音量の指示は以下のようになるよ。

pppp ppp pp p mp N *mf ff fff ffff*

小さい ←――――――――→ 大きい

手順4 「OK」ボタンをクリックすると、強弱記号が設定されるよ（**⑦**）。

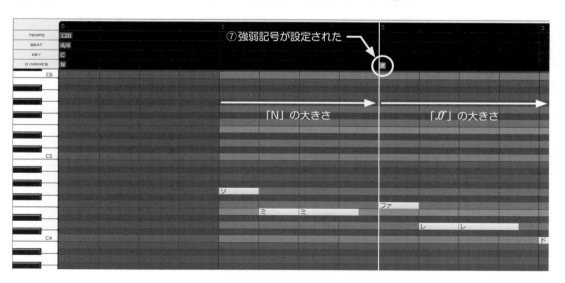

⑦強弱記号が設定された

「N」の大きさ　　　「*ff*」の大きさ

　2小節目の頭に「*ff*」を入れたので曲の頭から1小節目の終わりまでは「N」の大きさで歌って、2小節目の頭からは「*ff*」の大きさで歌うようになるよ。

ポップスなんかだとサビは大きな声で歌いたいよね！

うん、サビに向けて声をだんだん大きくしていってもいいかもしれないですね。

105

◎強弱記号の消し方、移動方法

　曲頭の強弱記号は消したり移動させたりはできないけど、曲の途中にいれた強弱記号は消したり移動させたりできるよ。

　消したいときは、編集ツールの「消しゴムツール」■を選択して、消したい強弱記号をクリックしてね。

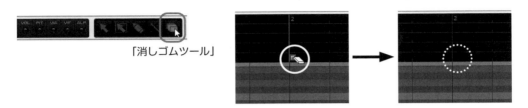

「消しゴムツール」

　移動させたいときは編集ツールの「選択ツール」■を選択して、移動させたい強弱記号をドラッグしてね。

「選択ツール」

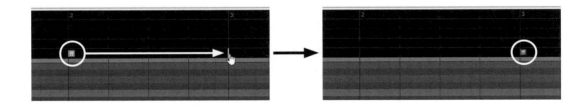

　強弱記号が青く点灯しているときは、選択中を表しているよ。ピアノロールのどこか別の場所をクリックすることで、選択が解除されるよ。

9　キーの変更

　ここではキー（KEY）の変更のやり方を教えちゃうよ。キーを変えると入力した音符は変わらないんだけど、ピアノロール部分の色合いがキーに合わせて変わるよ。

　曲頭にある「KEY」のレーンを見てみてね。初めの設定では KEY は「C」で設定されているよ。
　ピアノロールでは、指定したキーの音に色がついていて、キー以外の音はグレーで表示されているよ（次図の濃いグレー■■の部分）。

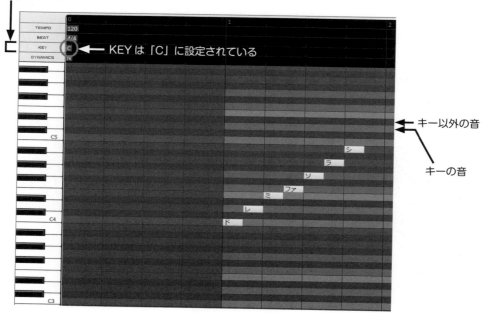

CのKEYに設定されているので、ピアノロール上では、CのKEYで使える音（ドレミファソラシ）に色がついています。

それではキーを変えてみよう！

[手順1] 曲頭の「C」の文字をダブルクリックすると（①）、「調号のプロパティ」画面が表示されるよ。

[手順2] 調号（キー）のプルダウンメニューから変更したいキーを選択してね（②）。

①「C」をダブルクリック

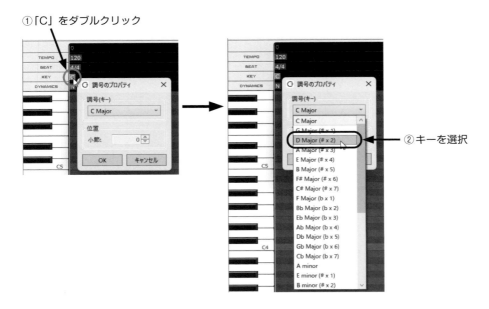

②キーを選択

[手順3] 「OK」ボタンをクリックするとキーが変更されるよ。

KEY「C」　　　　　　　　　　　KEY「D」

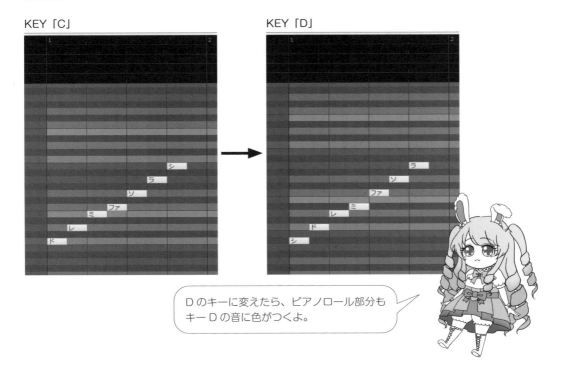

Dのキーに変えたら、ピアノロール部分も
キーDの音に色がつくよ。

音符入力時に初期設定で表示される「ドレミファソラシ」の歌詞が、D のキーに変えたので、D の音から順番に「ドレミファソラシ」と割り振られるように変化しました。CeVIO AI では「移動ド」といってキーに合わせてドレミファソラシの位置が変わって歌詞が入ります。

キーは曲の途中で変えることもできるよ。編集ツールの「ペンツール」 を選択して、KEY のレーンでキーを変えたい場所をダブルクリックしてキーを選択してね。

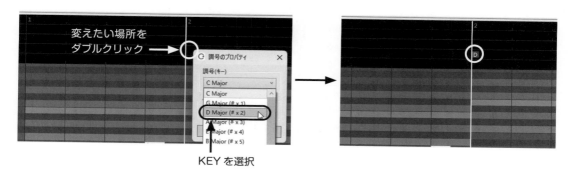

キーと同じように拍子やテンポも曲の途中で変えることができるよ。

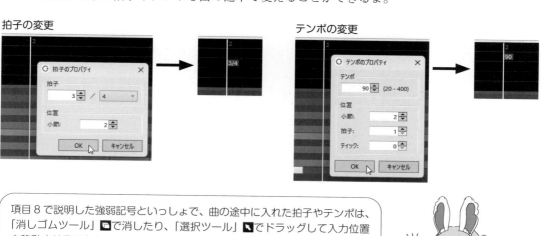

項目 8 で説明した強弱記号といっしょで、曲の途中に入れた拍子やテンポは、「消しゴムツール」 で消したり、「選択ツール」 でドラッグして入力位置を移動させることもできるよ。

キーの一覧

調合のプロパティで選べるキーの一覧だよ。
参考にしてみてね！

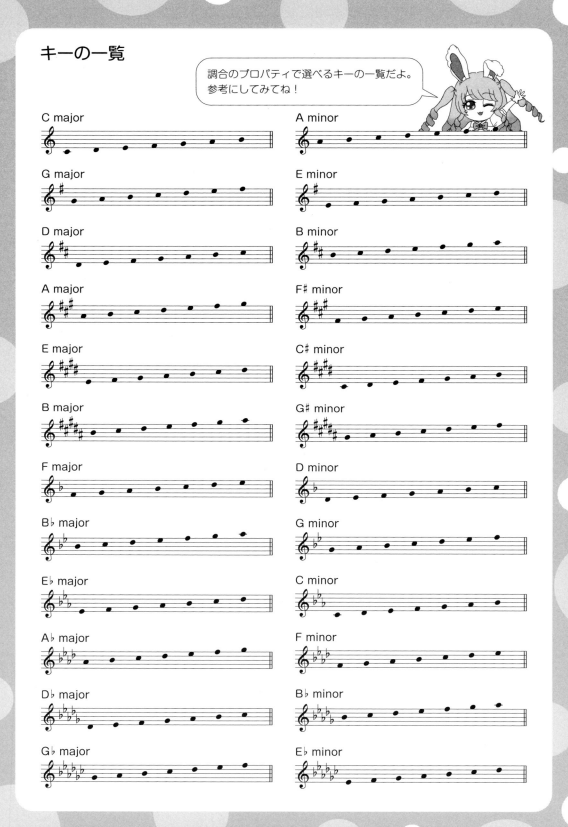

110

10 小節の挿入と削除

小節の挿入と削除の方法を紹介するね。

🌀 小節の挿入

[手順1] メニューの「ソング」（①）から「小節の挿入」（②）を選択してね。「小節の挿入」画面
が表示されるよ。

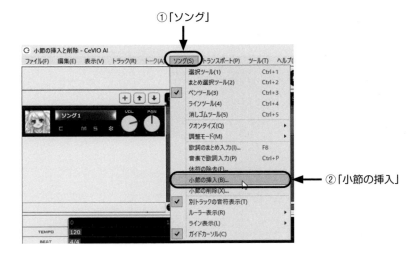

①「ソング」

②「小節の挿入」

[手順2] 「位置」欄の「小節」で挿入したい位置の小節番号を入れてね（③）。

[手順3] 「位置」欄の「長さ」で挿入する小節数を入れてね（④）。

[手順4] 「対象」欄で「現在のトラック」だけか「全てのソングトラック」に小節を挿入するのか選んでね（⑤）。

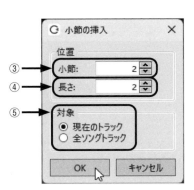

③
④
⑤

手順5 「OK」ボタンをクリックすると小節が挿入されるよ。

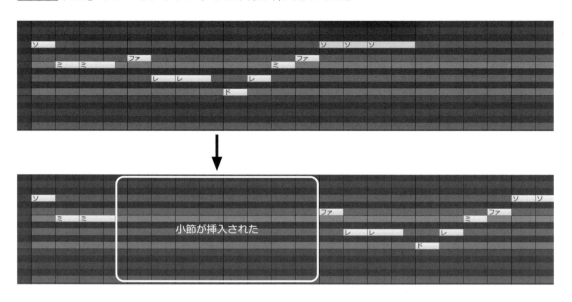

小節が挿入された

小節の削除

手順1 メニューの「ソング」（①）から「小節の削除」（②）を選択してね。「小節の削除」画面が表示されるよ。

①「ソング」

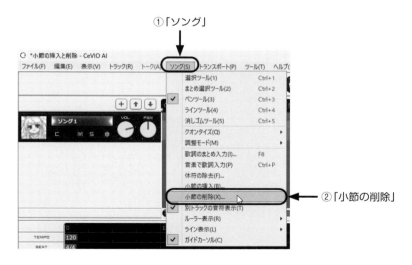

②「小節の削除」

[手順2] 位置欄の「小節」で削除する開始位置の小節番号を入れてね（③）。

[手順3] 位置欄の「長さ」で削除する小節数を入れてね（④）。

[手順4] 対象欄で「現在のトラック」だけか「全てのソングトラック」で小節を削除するのか選んでね（⑤）。

[手順5] 「OK」ボタンをクリックすると小節が削除されるよ。

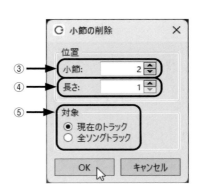

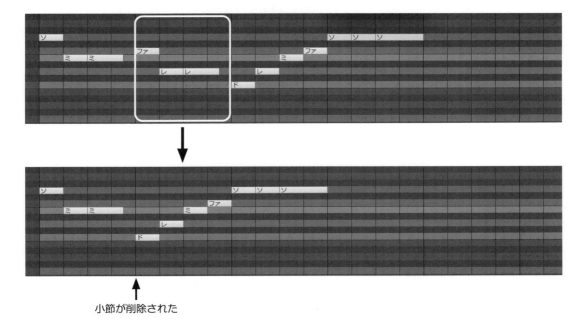

小節が削除された

小節の挿入と削除、覚えておくと便利かも！

11 トラックのフリーズ

複数のトラックを使っているときに音が途切れたりしたら、フリーズ機能を試してみてね。フリーズしたトラックは音声が固定されるので、再生中のCPUやメモリへの負荷が少なくなるんだよ。

トラックのフリーズ方法

[手順1] フリーズしたいトラックのフリーズボタン（①）をクリックしてね。

①フリーズボタン

[手順2]「トラックをフリーズします。よろしいですか？」というメッセージが表示されたら「はい」をクリックしてね（②）。フリーズボタンが青く点灯してトラックがフリーズされるよ（③）。

③フリーズボタンが青く点灯

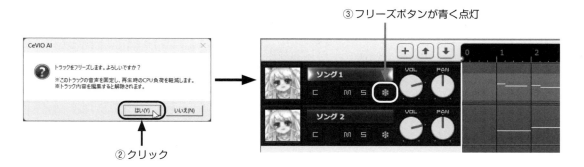

②クリック

フリーズを解除するには

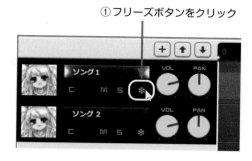

① フリーズボタンをクリック

[手順1] 青く点灯しているフリーズボタンをクリックしてね（①）。

[手順2] 「トラックのフリーズを解除します。よろしいですか？」とメッセージが表示されたら「はい」をクリックしてね（②）。フリーズが解除されるよ（③）。

③ フリーズボタンが消灯し、解除された

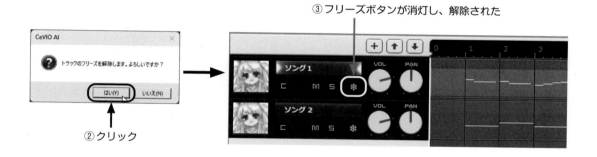

② クリック

フリーズしているトラックの音を編集してもフリーズが解除されるよ。

たとえば音符をドラッグして移動してみるね。

そうすると「以下のトラックのフリーズが解除されました。」というメッセージが表示されて、フリーズが解除されたよ。

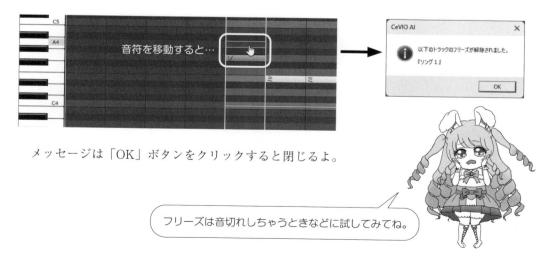

メッセージは「OK」ボタンをクリックすると閉じるよ。

フリーズは音切れしちゃうときなどに試してみてね。

115

12 ループ再生をするには

指定した範囲をループ（繰り返して）再生することができるよ。

[手順1] まずはループするスタート地点にポジションカーソルを移動させます。小節番号が書かれているレーンをクリックすると（①）、ポジションカーソル（②）がクリックした位置に移動するよ。

①スタート地点をクリック

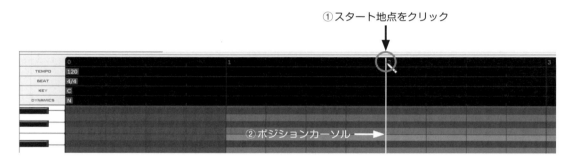

②ポジションカーソル ➔

[手順2] 「始点マーカー」ボタン（③）をクリックして点灯させてね。ポジションカーソルがあった位置に始点マーカー（④）がセットされるよ。

③「始点マーカー」ボタン

④始点マーカー

[手順3] 同様の手順でループの終点にしたい位置にポジションカーソルを移動させて、「終点マーカー」ボタン（⑤）をクリックしてね。終点マーカー（⑥）がセットされるよ。

⑤「終点マーカー」ボタン

⑥終点マーカー

[手順4] 始点マーカーと終点マーカーをセットしたら、トランスポートの「繰り返し」ボタン（⑦）をクリックして点灯させます。「再生」ボタン（⑧）をクリックすると、始点マーカーと終点マーカーで囲われたところがループ再生されるよ。

⑧「再生」ボタン　　　　　⑦「繰り返し」ボタン

便利な機能だから使ってみてね！

13 歌詞のフォントと ピアノロールの背景色の設定

入力する歌詞のフォントやピアノロールの背景色なんかも設定できるよ。より自分好みにカスタマイズしたい人は試してみてね。

[手順1] メニューの「ツール」（①）から「オプション」（②）を選択してね。「オプション」画面が表示されるよ。

[手順2]「ソング設定」のタブ（③）をクリックしてね。

[手順3]「歌詞のフォント」欄（④）で歌詞のフォントとサイズが設定できるよ。

手順4 「ピアノロールの背景」欄で「楽譜編集画面」（⑤）と「調整画面」（⑥）の背景色がそれぞれ設定できるよ。

手順5 「OK」ボタンをクリックすると設定が反映されるよ。

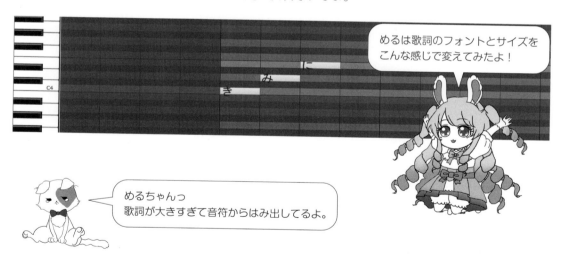

14 音符を入力したときに 最初に表示される歌詞を変えるには

CeVIO AI では、音符を入力すると仮の歌詞が自動的に入力されるよ。最初はドレミファソラシで設定されているけど、これをラララとかに変えることもできるんだよ！

手順1 メニューの「ツール」（①）から「オプション」（②）を選択してね。「オプション」画面が表示されるよ。

①「ツール」

②「オプション」

手順2 「ソング設定」のタブ（③）をクリックしてね。

手順3 「既定の歌詞：」（④）のところに歌わせたい文字を入力してね。ここではひらがなの「ら」と入力してみるね。

③「ソング設定」のタブ

④「既定の歌詞：」

手順4 「OK」ボタンをクリックすると設定が反映されるよ。

試しに音符を入力してみると…きちんと「ら」が表示されたよ！

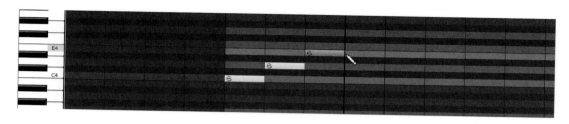

手順3で文字を入力した「既定の歌詞：」のところが空欄だと「ドレミファソラシ」で表示されるようになります。
また「「ドレミファソラシ」は調号に従う」のところにチェックを入れておくと、移動ドで「ドレミファソラシ」と表示されるようになります。

「既定の歌詞：」のところに2文字いれたらどうなるんだろう？
ちょっと実験しちゃおう！

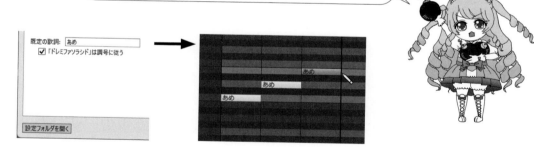

おおっ！　1つの音符に2文字ずつ表示されたよ！

15 めるの画像を大きく表示させたいぞ！

画面右上に見えるめるの画像には秘密があるんだよ！

めるの画像の上で右クリックしてね。表示されるメニューから「大きく表示」を選択すると…

なんと！全身の絵が見れちゃうんだ！

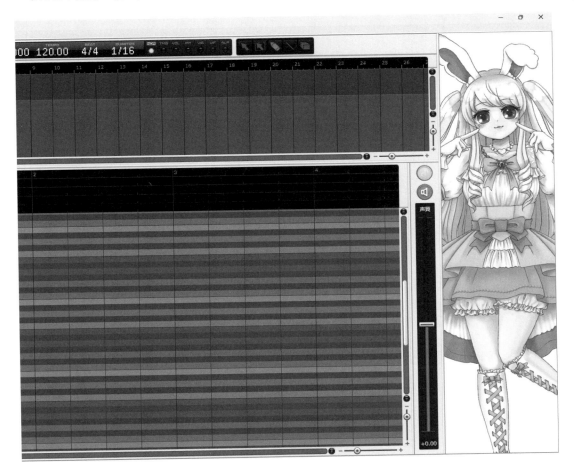

さらに、めるの画像の左端を左側へ向かってドラッグしてみてね。横幅も広げられちゃうよ！

どう？　すごいでしょ！

右上のめるちゃんの画像は顔だけかと思っていたから
驚いたよ！

episode 05

めるの声はこうして生まれた

合成音声の歴史と、
めるの合成音声はこうして生まれてきたんだよ〜
を書いたよ。

この章では、カワイイカワイイめるちゃんの声（合成音声）は、こうして生まれてきたよ、というお話を、めるの親友の猫ちゃんが話すね。

めるは前世がうさぎさんだったんだよ。その頃に親友だったんだ〜

あの頃のめるはうさぎさんだから話すことはできなかったけど…　仲良しだったあの頃の猫ちゃん、なんてお名前だったんだろう…　とてもいい子でいつも一緒だったんだよ。

1　歌声音声の歴史

「パソコンに計算をさせて、新しい音を合成するのだ。それはまるで人が歌っているかのような、声のような音の源にするのだ。今ならできるはずだ。よし。これをみんなでつくってみようよ。」

こういう企画や理想がうまれたのは、2000 年ごろといわれています。

そして 2004 年アメリカ（ロサンゼルス）の展示会で、ついに人間の声のような歌声を出すソフトが発売されます。日本でも 2006 年、男声の音声データが発売されます。

そして、2007 年 8 月「初音ミク」が発売されます。おなじみのかわいいキャラクターの声として販売当初からみんなに愛されました。

　その後も、まるで人の声のような音を出す計算を行う音源エンジンは、ずっとずっと進化し続けています。息継ぎの音、ブレスや声をゆらすビブラートなど、人の声に近づけるための細かな設定ができ、ジックリとつくりこめるようになってきています。

　そんな背景の中、人工知能（AI）という技術が進化しました。人工知能技術はいま、実用に耐える技術として、我々の日常のさまざまなところで受け入れられるようになっています。ニューラルネットという連立方程式を基礎としたアルゴリズム、この計算を上手に省略化したアルゴリズム、ご存じ「ディープラーニング」が発案されたこと。さらにはこの複雑極まりない計算式を、しっかりと現実の中で動かせるくらいにハードウェアとしての計算機の計算速度がはやくなったこと。この２つの状況変化から、さまざまな領域で人工知能が世の中を進化させています。

　合成音声の世界にも、この人工知能の技術をつかい、より人間らしい音声を計算させようという考えがうまれました。アメリカ、ヨーロッパの研究所や企業など、世界各所でこの実現に向けた試行錯誤がはじまっています。その１つとして CeVIO AI があります。CeVIO AI は日本のプロジェクト。日本で生まれた技術で、「奏兎める」はこのプロジェクトから生まれた合成音声となります。

2 ディープラーニングという技術

　ディープラーニングという技術は、人の考え方をコンピュータにまねさせる、そう、人工知能の技術のひとつです。例えば、これがかわいいイラスト、これはかわいくないイラスト、なんて画像データをたくさん用意すると、コンピュータが自動で、かわいいとかわいくないとを分けている要素をイラストから計算して考え、「髪型」「目の大きさ」などなどの特徴をたくさん見つけてきてくれる、そんな計算方法（アルゴリズム）のことです。

　これまではプログラムする人、あるいはプログラムをつくった会社が、これがかわいいというルールをきめたら、ただただその通りに計算する仕組みでした。ディープラーニングができたおかげで、人間はコンピュータにイラストを渡して、このイラストはかわいい、このイラストはかわいくない、と伝えるだけで、仮に渡した本人はそのイラストのどこがかわいいのか、かわいくないのかをわかっていなくとも、コンピュータが自動的にかわいい、かわいくないと判別できるようになったのです。

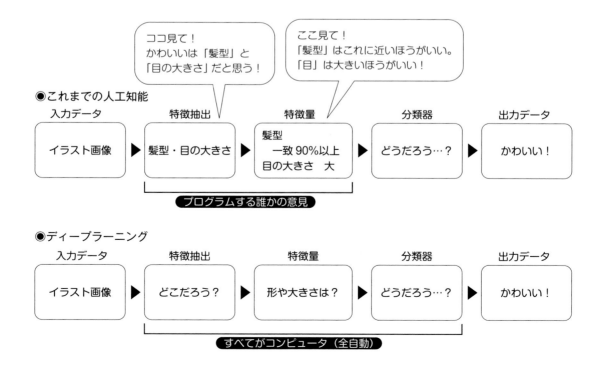

128

えっ。でも、でも？！
今日、だれか1人が決めたイラストのかわいいとか
かわいくないとかの、ジャッジ。
って、めるが感じる「かわいい」と同じになるのかなあ？
ならなそうだなあ～。

　ディープラーニングは、好みを答えてくれた多くの人の意見を考慮にいれることもできる、機械学習といわれている柔軟な仕組みです。多くの人の意見、感覚の共通点を自動でみつけてくれます。またその時その時の判断を、時期にあわせて変化させることもできます。
　だから意見を教えてくれた、ある特定の時期の、ある特定の人々の好みが、そこでだけ使われる、ということもできます。一方で、この時期を、例えば数年と長くとることもできます。逆に例えば1時間あるいは1分というような短い時間とすることも任意でできます。また人数のほうも任意で設定できます。意見、感覚を教えてくれる人々を、例えば数千万人と多くの人にすることもできるし、逆に知り合い数人にすることもできます。数千万人だとみんなの共通の意見や感覚として判断され、逆に数人だと、その数人がこのように判断するだろうという意見を計算することができます。とても使いやすい技術ですよね。

ほよ～。
じゃあ、めるをかわいいと言ってくれる
人たちだけの
ディープラっていうの？　よろしくね！

　イラストをみて「かわいい」と感じるときに、そのイラストのどこをみているのか？　その人が実はよくわかっていなくとも、「かわいい」と教えてもらったイラスト群から共通点を計算することで、コンピュータには画像のどこを見ているかわかります。この技術は、人間の目の代わりとなるような技術としても期待さています。例えば人はどこを見て危険と察知するのかを応用した自動運転技術なんかがあります。また同じよう、音に対して人々がもつ感覚も、コンピュータが詳細に判断できることから、耳の代わりとしての技術の進展も期待されています。

3 ディープラーニングの応用事例

　DeepMind 社がディープラーニングの技術を使ってつくった「Alpha Go」は、2017 年に囲碁の世界でトップのプロ棋士、柯潔棋士と対局し全勝しました。世界中にこのニュースは流れ、ディープラーニングの持つチカラが伝わりましたよね。囲碁は組合いの膨大さから人間のプロ棋士に勝つ方法論を探すことは、今までの機械学習方法では不可能でした。しかしディープラーニングを既存の技術と組合わせることにより、方法論を探すことが可能となりました。

　このアルゴリズムには勝てない。と理解し、涙した柯潔棋士には、きっと世界一研鑽した彼にしかみることができない風景がみえたことでしょうね。

あの涙…
すごくすごく、かっこよかったな。

　世の中を変えつつあるディープラーニング。
その社会での実用例を紹介します。

入国手続き

　法務省の入国管理局が主導し、日本人の入国手続きの顔認証ゲートが導入されました。パスポートの IC チップに登録されている顔画像と、認証ゲートで撮影された顔画像とを照合し、本人かどうかの判断を行います。

　従来の画像処理技術より進歩した部分として、老化、化粧、表情による変化など、どの部分が差異となり、どの部分は固定されるかなどが学習されたことで、精度の高い認識が可能となりました。

通販の類似画像検索

　商品画像をアップロードすると、サイトに掲載されている膨大な商品の中から、類似している商品を見つけてくれるサービスがあります。これまでの方法では、数万点ある膨大な商品画像と、アップロードされた画像との類似距離に計算時間がかかり、数秒で計算結果を表示させる検索は開発できませんでした。しかし上手に特徴をみつけるディープラーニングにより、画像の一部のみを効率よく計算することができ、高速化が可能となりました。

監視カメラ

　不審者あるいは不審な動きを監視カメラの映像から計算し、自動で管理者や警察に通報することにもディープラーニングが活用されています。これまで不審者など人数が少なく、過去の蓄積データが少ないものを対象にAIが判断を学習することはとても難しいことでした。ディープラーニングは不審者の画像が仮に少なくとも、その少ない画像から多くの類似画像を生成することができます。これらの生成された多くの不審者類似画像から、不審者の特徴を計算することで、適切に不審者を判断することが可能となりました。

自動車の自動運転

　アメリカのTesla社あるいは日本でもトヨタ社をはじめ多くの自動車会社では、高度運転自動化の実証実験や安全運転支援システムなどの研究開発が進められています。画像処理として物体認識技術、通行人のいる場所、信号の色、対向車や自転車などのなど多くの画像判別技術、人の持っているルールの学習などが求められています。実際に運転した際の人のデータ（運転データ：アクセル、ハンドリングなど）と車載カメラ画像（画像データ）の関係を記録収集し、これらの因果の特徴を自動で抽出することができるディープラーニングにより、運転データ、画像データに対しての因果を学習し、人間に役立つ自動運転の制御技術が生まれつつあります。

音声合成アプリ

　ディープラーニングを使うことで、コンピュータにより合成された音声を、より自然な音声とすることができるようになりました。アプリによってはリアルタイムでの音声変換も可能となり

YouTube などの LIVE 配信での利用も可能となっています。年齢や性別を変えることもでき、例えば男性の声を入力することで、リアルタイムで比較的自然な女性の音声に変換することが可能となりました。

ニゲチャダメダ人類補完計画じゃなくて
ニゲチャダメダ人類める化計画ができるね！
いつかみんな
めるの声でカラオケうたえちゃうかもね
ニゲチャ…ダメダ…ヨ♡

4　これまでの音声合成と AI による音声合成

　1990 年代以前、音声合成の研究開発では「ルールベース」という、細かなルールをたくさんたくさん検討し、ルールを決めて、計算させる。うまく動いたルールは採用し、うまく動かないルールは不採用とするという方法で、事前に用意したルールの通りにコンピュータが計算し、人の声のような音声を合成する仕組みがつくられていました。

　例えば、当時の研究開発の成果として、JR のホームでの音声合成があげられます。「間もなく」「3」「番線に電車がまいります。あぶないので黄色い線の内側にお下がりください。」この「3」の部分の音声を合成し入れ替え、何番線にでも対応できるようにするといったようなものが音声合成ということでした。「3」という音声の発音は多々ありますが、どのような計算をさせて「3」と発音させるのがより自然と聞こえるのか？　あるいは少しだけのトライとして前後との関係がより自然なのか？　というような研究開発がされていました。

　1990 年代前半あたりから、より自然な発声音を目指して「コーパスベース」という方法での研究開発がはじまりました。

　人の音声データから、標本化・量子化を経て、波形の定量データを作成します。ここまではルールベースの音声合成と同じです。

　次にこれらのデータを大量にあつめ、各単語についてアクセントの位置を調べ、辞書をつくります。また、それらが文章の中で使われる時々に変化する、音の高さ、リズム、イントネーションを調べ辞書をつくります。このように、テキストと音声データの対応に辞書という形式をとり、大量にあつめた波形データをうまく秩序立てました。すなわち前後の単語の関係を考慮にいれ、より自然に発声音を接続する仕組みがつくられはじめたわけです。

　ある音のあとにはこの発声音はこない、あるいはこの単語のあとにこの発声音がくる確率が高いなど、発声音の前後の発声音を考慮しながら、過去のデータでは、このようなパターンが多かったという因果関係を計算して発声音を生成します。上記の「3」は電車のくるプラットフォームの番号でしたが、これをシーンや分野をこえ、どの状況にもつかうには、前後の単語の関係から「3」のアクセント、音の高さ、リズム、イントネーションを考慮した発声音を決めればよいとい考え方、これが「コーパスベース」という方法でした。

　1990年代半ばあたりから「統計的音声合成」という、コーパスベースの研究開発の発展版がつくられだし、今もこちらの研究開発がすすめられています。1つ前と1つ後との関係を確率で考えるHMM（隠れマルコフモデル）という考え方の計算方法があります。この単語のあとにこの単語はこない、あるいはこの音の後にこの音はこないなど、前後の関係性を多方面から計算します。収集したコーパスデータの中の関係性を事前にすべて計算しておき、そのデータの中で一番可能性が高い発声音を計算し、音声として表現する技術となります。このようなHMMの技術を音声合成に取り込み、より自然な発声を合成する研究がされています。

　またディープラーニング技術を応用したものとして、時系列の情報をつかったディープラーニング技術であるDNNがあります。次ページに、ニューラルネットワークという考え方から発展し、現在取り組まれているディープラーニングと呼ばれる技術概要を紹介しました。どこを人が特徴として重視しているかをコンピュータが計算することで、感情あるいはより自然と聞こえる発声音の味つけを計算し、表現しています。

　例えばRNNという技術を利用した音声合成なども取り組まれ、「ある音」とそこに人が感じる「感情、あるいは自然な音かどうか」という感覚、との組み合わせをディープラーニングでコンピュータに学習させえることで、コンピュータは、特徴を探し出し、こちらを発声に加えることで、より滑らかに、より人間のような音声合成、時には感情も伝わるような音声合成技術がつくられています。

ディープラーニングの種類

NN	ニューラルネットワーク	連立方程式を基にした予測アルゴリズム（元）
DNN	ディープニューラルネットワーク	ニューラルネットワークを多層にしたもの
CNN	畳み込みニューラルネットワーク	画像から特徴をとることを得意とするもの
RNN	再帰型ニューラルネットワーク	音声など時間経過から特徴をとるのが得意
AE	オートエンコーダ	複雑な情報から特徴をとり圧縮するのが得意
GAN	敵対的生成ネットワーク	騙す役 / 騙されない役がペアで学習する方法

　奏兎めるをつくった CeVIO AI でも、HMM あるいは DNN により、歌唱データをもとにより自然な発声音を学習し、それを音として表現しています。

　さらに「口やのどの形」「声の高さや大きさ」など、人の音声が発声されるまでの音の生成過程をまねた計算のフィルターをつくり、上記で出てきた計算結果に追加して音声合成音を出力しています。これらの組合せが CeVIO AI では実現されているため、従来の歌声合成より、より自然な、人間の発声により近くなるような計算がされている合成音ができているということになります。

どうだった？
めるの歌声はこうした最新技術で作られた歌声なんだよ〜
どう？かわいいでしょ〜？

あとがき

　本書を最後までお読みいただきありがとうございました。

　奏兎めるのキャラクターが解説するガイドブックはいかがでしたでしょうか？　こういうタイプのガイドブックの制作は筆者としても初の試みだったので、楽しみながら執筆させていただきました。

　誰でも簡単に奏兎めるを歌わせることができるように、その手助けになる本が作れればというところから今回の執筆がスタートしました。私は主にソフトの操作手順の部分の執筆を担当させていただきました。本の中ではソフトの操作画面の画像をたくさん使いながら、なるべく手順を簡単に解説するように心がけています。

　難しいことはさておき、まずはソフトに触れて奏兎めるに何かのメロディを歌わせてみてください。AIによって合成された奏兎めるの歌声は、驚くほどリアルで感動するものがあります。まずは声を聴いて楽しんでください。そして、もっと自分のイメージに近づけて奏兎めるに歌ってもらえるように、楽しみながらソフトの操作を1つ1つ覚えていってください。そのときにこの本をお手元に置いていただき、ご活用いただければ嬉しく思います。

　本書が皆様の音楽活動のお役に立てれば幸いです。

平賀宏之

　DTMの先生をやっていただいている平賀先生に「奏兎める」が「奏兎める」のつかい方を説明する不思議な構造の本を書きましょうよ！　などと、無邪気にご提案したことをきっかけに、この書籍の制作がはじまりました。

　書籍では文字やイラスト、YouTubeでは音声や映像により、「奏兎める」というキャラクターに触れあいながら「奏兎める」の合成音声で歌を、そして音楽をつくる…そんな楽しく新しい体験をすることができるのがこの本の魅力です。

　YouTubeでVTuber奏兎めるといっしょに操作方法の学習ができ、手元にはいつでも見ることができるように本書をおいておける。このような新しいスタイルをとおして、私が先生とのレッスンで体験させていただいた、コンピュータに歌を歌わせる楽しさ、その楽しさを「奏兎める」に触れあいながら、みなさんにも同じように体験していただけたら、そう願っています。

　本書が皆様の奏兎める活動のお役に立てれば幸いです。

Mell.P

著者略歴

平賀 宏之（ひらが ひろゆき）

音楽教室講師、作編曲、DAW ソフト攻略本の執筆、様々な DAW の認定講師として
セミナーなど各方面で活動中。また、ローランド・ミュージック・スクール講師資格
の認定オーディションや各種研修会も担当し後進の育成にも力を注ぐ。オンライン
ミュージックスクール　オトマナビ代表、MIDI 検定資格指導者、ローランド・ミュー
ジック・スクール指導スタッフ講師、トート音楽院講師。
著書に「イチからはじめる Singer Song Writer Lite 10」「まるごと SONAR ガイドブッ
ク」「ABILITY 4.0 ガイドブック」、共著に「作詞入門」（共にスタイルノート刊）な
どがある。

Mell.P（めるぴー）

「奏兎める」をみんなに知ってもらいたい、楽しく使ってもらいたい、と日々考えて
いる。エンタメ・アートに対して AI や Data を活用し新しい楽しみをつくりだすこと
を日々たくらんでいる。東京大学大学院にて博士号取得。Data 活用に関する技術書を
複数出版。AI に関連する国内特許を 5 つ所得済。

奏兎めるのつかいかた
（かなと）
——CeVIO AI ガイドブック
（チェビオ エーアイ）

発行日　2023 年 4 月 28 日　第 1 刷

著　　者　平賀宏之
　　　　　Mell.P

発　行　人　池田茂樹
発　行　所　株式会社スタイルノート
　　　　　　〒 185-0021
　　　　　　東京都国分寺市南町 2-17-9-5F
　　　　　　電話 042-329-9288
　　　　　　E-Mail books@stylenote.co.jp
　　　　　　URL https://www.stylenote.co.jp/

装　　帧　又吉るみ子
イラスト　わらし
印　　刷　シナノ印刷株式会社
製　　本　シナノ印刷株式会社